澤渡貞男

観光を再生する

【実践講座】課題と解決の手引き

言視舎

はしがき

令和2（2020）年から、日本は、新型コロナウイルスの蔓延によって社会的、経済的に大きな痛手を被りました。業種によって差はありますが、概して第三次産業に対する影響がとても大きく、とりわけ、輸送、観光といわれる分野に壊滅的ともいえるダメージをもたらしました。

今まで、至極当たり前にとらえられていたことが、実は、少しも、当然のことではないことを思い知らされたのです。同時に、それは、今日の我々の社会・経済活動の中におけるこれらの産業の重要さを改めて認識させることにもなったのでした。**旅行消費額が日本のGDPの中で5・2パーセント**（2019年）**という製造業に次ぐ大きな割合**を占めていることは、以前から数字上は知られていたはずですが、それが、実際にダメージを受けると、社会的にどのようなことになるかを目の当たりにしたのでした。

年が改まっても変異株の出現によって感染は収まるどころか再び感染拡大の勢いが増し、いまだ、確固たる収束策が見当たらないままの状況の中で、観光産業に携わる我々は、どのようにしたらよいのでしょうか？　パニックともいえる状況の中で、いろいろな新しいコトバが飛び交っていますが、それらを自分に都合よく解釈して、何となく自分を納得させるのではなく、原点に返って冷静に全体を考え直し、本質を見極めたうえでこれからの対処策を考えていくことが今こそ必要だと考えています。ハイスピードで発展してきた観光産業の「中休み」の時期ととらえて、来し方・行く末を広い視野から見直すことも更なる発展のために必要と思われるのです。

本書は、そのような状況をふまえて、

① **そもそも観光産業とは**どのようなもので、**どのような構造**をもっているのか？
② コロナ禍は、その中のどの部分にどういうダメージを与えたのか？
③ ダメージを最小限にとどめ、回復させるには何が必要になるのか？
④ そのために、観光産業に多くを負っている地域の人々、観光産業に携わる人々は、**今、何をし、コロナ禍の後を見据えたこれからのために、何を準備しておくべきか？**

という視点から書かれています。

人間は好奇心の強い生き物で、それがなくならない限り、観光もなくならないでしょう。それは、必ずと言ってよいほど、観光産業が復活することを意味しているといっても過言ではありません。

苦境を何とかして乗り越え、その先にある新しい発展のために、今こそが、準備をしておくべき格好の時期と思われます。いうまでもなく、それは、今だけのものではなく、**観光におけるプロモーションの方法として時代を超えて基本となる**ものであるということができます。

この時期だけでなく、コロナ禍が収束したのちも、いつも手元に置いて観光で地域の振興を考えるうえでの参考にしていただき、本書が少しでも役立つことができれば、著者の喜びはそれに優るものはないと言えましょう。

令和3年　そよ風に初秋を感じながら

澤渡　貞男

目次

第1章 コロナ禍は観光にどう影響を与えたのか？
――現状分析と対策

これからの日本の方向性を考えるにあたり、観光への期待が高まってきた中、これに水を差したのが言うまでもなくＣＯＶＩＤ（コビット）−19、いわゆる新型コロナウイルスのパンデミックでした。日本では2020年2月に、ダイヤモンドプリンセス号での感染、初の死者が出るなどして大騒動となりました。その後の動きは皆さんも知るところです。観光業に関しても、国内外を問わず、人が移動できないことから大打撃を受けました。本章では、パンデミックによる各地の状況とそれに地域がどのように対応したか、**その評価と問題点、今後の見通し、必要になること**などについて提言していきたいと思います。

【1】各地の状況とその対応

コロナ禍の蔓延に伴って観光関連の産業は大きな影響を受けました。各地がどのような状況であったか、いくつかの実例をもとに問題点と今後の対応策などについて考えてみたいと思います。まず、観光振興を考えるうえで指標となる地域について、状況を概観してみましょう（いずれも2021年3月10日現在です）。

（1）京都

日本の観光地の代表として、まず挙げられるのが京都です。京都市では、表立って観光客の誘致ができないことからプロモーション活動は控えざるを得ない状況が続きました。外国人も在日の外国人のみに限られ前年比99パーセント減となりました。

また、所謂「団体客」の多くが来られなくなったことから、宿泊施設は苦境が続き、旅館によっては、フロアごと閉めるところも出てきました。また、「期間限定休業」を実施したところも見られました。これらの損失を補填し、従業員の生活補償のため雇用調整金に頼らざるを得なくなりました。市レベルでの支援策は、コロナの対策に必要な費用（例えば検温器や空気清浄機の購入、消毒液の購入費用）の一部を補助することに特化されました。

〝ＧｏＴｏトラベル〟キャンペーンが始まってからは、かなり盛り返し、客況も良くなってきたようです。修学旅行の生徒にも地域クーポンが配られたので、物産店にはかなり恩恵があったものと思われます。

このような中で、京都の得意分野である**民泊は、大きな打撃**を被りました。マンションの一室や古民家を改造したものが多く、一般の旅館より安いことが魅力となって特に女性客に人気が高かったのですが、〝ＧｏＴｏトラベル〟キャンペーンを利用して、普段では泊まれないような、より単価の高いところに宿泊したいという希望者が大幅に増えた煽りを受けたものと考えられます。民泊は宿泊単価が比較的安く、旅行者は、せっかく補助があるのに、何も安いところに泊まらなくても、という心理が働いたのでしょう。

加えて、コロナ対策は衛生上の問題も多く絡むことから、徹底した安全対策を期待できるホテルなどのほうが感染するリスクが少ないと考えた人も多かったようです。これらの結果、高級感のあるところは、かなり部屋が埋まったのですが、民泊はサッパリで、事業支援の補助金をもらったまま休業したり、そのまま廃業してしまったところも多く見られました。コロナ禍を機に転売してしまったオーナーも多く見られたといいます。

２０２０年の夏ぐらいから「**マイクロツーリズム**」という言葉が使われ始めました。簡単に言えば、「**近場で楽しもう**」ということです。本来の趣旨は、以前と同じでは意味がないので、**近くても内容を深く掘り下げよう**ということです。

京都を近場の目的地とするのは、阪神、奈良、滋賀、和歌山などです。そのような近県からの人のために京都では、たくさんある寺社の特別拝観を予約制で実施し、人数を限って単価を高くする代わりに、普段では見られないもの、見られないところを住職自らの説明で聴くというような「内容の濃い」ものを企画実施しました。これが好評で、旅行者がこれから望むものが見えてきたようです。イベントに関しても同じような考え方のもとに実施されました。

京都は、伝統芸能の宝庫。毎年開催されているものができなくなるのは、技芸の継承、育成の面からも大きなマイナスです。そのため、先に述べたような、人数を限ったり、オンライン配信を併用したりする方法もとられました。２０２０年、祇園甲部歌舞会が「**都をどり**」の中止を決定した後、技芸伝承とオンライン開催を目指して、クラウドファンディングを実施したところ目標額を大幅に上回る額の資金を集めることができ、関係者は大きく力づけられたと言います。令和3年度も京の春を告げる「北野をどり」「都をどり」「鴨川をどり」（例年の開催日順）は、例年のやり方は中止、「都をどり」は規模を縮小してギオンコーナーで実施するとのことです。宮川町歌舞会の主催する「京おどり」だけが開催を決定しています。

京都では、オフシーズンキャンペーンとして、例年「**京の冬の旅**」を実施していますが、令和3年1月からの第55回キャンペーンにも上記の考え方が多く反映されています（第3章【5】「オフシーズンの対応」を参照）。一例を挙げれば、千利休の没後４３０年に絡め、大徳寺瑞峯院では平成待庵（国宝茶室「待庵」のレプリカ）を特別公開するとともに、名庭として知られる「独坐庭」、「閑眠庭」を特別公開しました。智積院では月替わりで障壁画を特別公開しました。

また、それに合わせ、レストランでも、より高付加価値化を図った「ウィンタースペシャル」メニューが多く出揃ったのも大きな特徴と言えましょう。料理人が特別に技を競った京料理、フランス料理、イタリア料理を賞味できるのは、グルメにとってはこの上もないことですし、お茶と和洋のスイーツを1500円で楽しめるのは大きな魅力でした。ランチは3500円ぐらいからで特別高いわけではなく、手の届く範囲であったことも良かったのではないでしょうか。

「京の冬の旅」パンフレット

普段よりちょっと贅沢な感じを楽しむというのが、提供する側、旅行者に共通するテーマになっていることに気づきます。

(2) 奈良

京都と並ぶ人気の観光地、奈良の状況はどうだったか見てみましょう。奈良県では、この時期の方針として県内各地からの移動を促進することを掲げました。それに伴い既に県民には馴染みの深い観光資源の付加価値を高くするべく、商品（「奈良うまし冬めぐり」）を造成しました。

具体的には、少人数での催行、申込みは前もっての予約制とし、**普段は見られないような場所、施設の拝観と寺社の住職、神官などによるお話を含めて特別感をだす**ことです。一例を挙げれば、**興福寺**では、中金堂、東金堂を僧侶の案内付きで2箇所同時に特別拝観をするプログラム、また、**薬師寺**では、写経道場での写経2巻と通常非公開の西塔を僧侶の案内で特別拝観するプログラムを作りました。さらに**室生寺**では、僧侶が境内を案内するだけではなく、門前の旅館で特別ランチを楽しむプログラムを作りました。室生寺は、写真家土門拳が、晩年、雪景色を撮影しようと何日も「雪待ち」していたことで有名ですが、その時、逗留していた旅館を組み込んだのです。古寺めぐりをする人や写真が趣味の人には、たまらない魅力でしょう。このようなこだわりを求める人が、確実に増えてきていることを踏まえての企画と言えます。

「うまし奈良めぐり夏」パンフレット

旅行者への支援策として、県民とその同行者に対し宿泊の70パーセントを補助するプログラムをつくりました。

さらに事業者向けには国が実施する事業者支援、雇用調整金に加え、利子の支払い猶予、コロナ対策用機器に対する購入補助を行なっています。

コロナが広がり始めたのは２０２０年の春からですが、桜で余りにも有名な吉野山で90年の歴史を持つ伝統旅館がこの年8月に倒産したニュースが伝えられたのは、奈良にとってはとても残念なことでした。桜の咲き誇る多客期にコロナ禍で客足が途絶えたのが大きな損失となったことがその原因と言われています。

（3）温泉地

日本人にとって温泉地はとても重要なデスティネーション（観光目的地）であり、地域にとっても極めて重要な観光資源であることは周知の通りです。

コロナ禍の中、著名な温泉地がどのような状況であったかを概観してみましょう。

①草津

群馬県の日本を代表する温泉地のひとつである草津では、観光関係者の8割が休業を余儀なくされました。

この間、従業員に対しては雇用調整金（1日あたり1万５６００円）によって急場をしのぎ、事業者には、地元の信用金庫や群馬銀行、金額の大きなものは、日本政策投資銀行による財政支援によっていて、今までのところ倒産は伝えられておりません。

〝ＧｏＴｏトラベル〟キャンペーンが始まってから、一見のお客（いわゆるイチゲンさん）が増え、この機会にとばかり、補助金の分を上乗せして、相対的に価格の高い旅館を選ぶ傾向が強まりました。結果的に中・低価格の宿泊施設にはキャンペーンの恩恵があまりいきわたりませんでした。草津温泉へ来るリピーターは予約が遅いため、泊まろうと思った時には、既に満員で予約が取れないという状況が現出してしまい、他の観光地に流れるケースが多かったと観光協会では分析しています。

このような状況の中で、１００室以上の大きな宿泊施設は、全体の維持のために費用がかかるため、少しの旅行客だけが来てもらっても、とても採算が合わないので、結果的に全館休業してしまったところが多かったようです。

民泊も、今までの説明でわかるように、宿泊料金が安く、〝ＧｏＴｏトラベル〟キャンペーンのメリットを受けにくいため、旅行者の利用が少なくなり、事業支援金をもらってから休業するところが目立ちました。なまじ営業を続けて赤字を増やすより、思い切って休業したほうが得策との判断からでしょう。

観光業界は、未だ一部を除いてＩＴ化が進んでいないと言われています。今回、〝ＧｏＴｏトラベル〟キャンペーンがネット利用に負う部分も大きかったことから、若い人たちを中心にしてオンラインを利用してキャンペーンに参加する人も多く、**ＩＴ化を進めオンライン対応に強い旅館は伸びた**ことが報告されています。規模が小さくて価格帯も安く、比較的高齢のオーナーが営む旅館・

民泊などは、こういう流れに「おいてきぼり」をくってしまった形となりました。

草津は、バブル時期以後、別荘マンションが多く出現しましたが、今回、そこに滞在する人が多く見られました。都会でのコロナ感染リスクから逃げてきた人たちです。これに対して旅館が、食事の提供（TAKE　OUT）を始めたところが多かったのも新しい動きとして注目されます。

〝GoToトラベル〟キャンペーンでは、宿泊料金の補助の他に、お土産に利用できる「地域クーポン」が配布されましたが、地域によっては、「おみやげやさんで買うものがない」、「2日間しか使えない」、という不満が多く聞かれました。さらに、土産物屋さんは、高齢の経営者が多いので、電子クーポンでは対応できないところが多かったことも報告されています。

地域全体で積極的なプロモーションがしにくい状況の中での情報発信は、「コロナ対策を講じています」という告知のみに終始し、それ以上のことはできずじまいでしたが、それも止むを得ないことだと思われます。

②熱海

日本の中で代表的な温泉地、熱海の状況はどうだったか見てみましょう。

2020年の入り込み状況は186万2千人で対前年比62%でした。2019年は300万人でしたので、実数で114万人の減少でした（入湯税ベース）。

外国人は、元々少なかったので（シェア1%）訪日外国人の減少が数字に与える影響はほとんどありませんでした。

他の街からの移住者は増加と死亡による減少で増減はほとんどありませんでした。

いわゆる別荘族は、都会のコロナを避ける目的で増加が見られました。

また、テレワークを推奨する企業の従業員などが一週間単位で滞在したこともかなりありましたが、これは企業のやり方によって左右される部分が大きいようです。

熱海は立地の関係で交通の便がよく、いざという時、1時間で東京に出社できることが幸いしました。熱海は、以前から市の職員（山田久貴氏）によってメディア取材に協力的だったのが功を奏し、コロナ禍にもかかわらずＴＶ露出で若い人の来訪が目立ちました。もちろん、これは自然に増えたのではなく、若い人に人気のあるパワースポット（例えば来宮神社の大楠）や、地元オリジナルスイーツの創作と店舗の開業が取り上げられたためです。

このような人間にとっての根源的な欲望は、コロナ禍のようなマイナスの状況下にあっても、変わらず根強いものがあるという証左になりましょう。元々レトロなものが多いと言われてきた熱海ですが、レトロに惹かれる中高年層だけでなく、若年層も取り込むことで新たな魅力を引き出そうとする努力が功を奏しつつあるように思われます。

熱海では、国の施策に加えて、**市独自の金融支援**なども実施しました。休業補償として、お土産屋さんなどに対しては10万円×2回、宿泊業者には、30万円×2回、利子補給として10年間は無利子とし、また、飲食業者への家賃補助（50％）も行ないました。

変わったものでは、熱海検番芸妓に対するお稽古代を補助（80％）して、伝統技芸の継承に配慮しています。これらの結果、幸いにも目立った倒産、廃業などは発生しておらず、むしろ、コロナで開業が遅れたものの、新規のホテルの開業すら見られました。

宿泊施設側でも経営を効率化するために泊食分離をしたり、市内にある複数のグループホテルを何箇所かに集約して営業しました。伊東園ホテルは6箇所ある施設を3箇所に集約しています。

熱海では、〝ＧｏＴｏトラベル〟キャンペーンの地域クーポンでお土産店などは相応に潤ったものと思われます。宿泊施設では、宿泊料金の相対的に高いところにシフトする傾向が見られました。

〝ＧｏＴｏトラベル〟キャンペーンがなかなか実施されなかったのでしびれをきらし、その前に市民向けに５０００円の宿泊クーポンを配布して泊まってもらうプログラムを作りました。また、1万円のクーポンを売り出し1万5千円分の利用ができるようにしたところすでに完売しています。

さらに検番の芸妓の玉代が半額になる補助を実施したところ、かなり好評で、旅館が小グループに対して無償で提供しているものと見受けられました（例えば、玉代総費用が10万円の場合、５万円を旅館が負担して旅客には無償で提供）。２０２1年度の予算で１０００万円を計上していますが、既に６００万円を消化しているとのことです。

熱海が２０１１年を底とする不振から脱出するについて、さまざまな努力が街をあげて行なわれ

MOA 美術館

てきたのは周知のとおりです。その中でも、各種のイベント、とりわけ、**花火大会の毎月開催**も大きな役割を果たしました。全国的に見てイベントは一過性のものが多く、効果を長続きさせる努力がしてこられなかったきらいがありますが、熱海では、イベントを継続して実施することにより、旅行者に楽しんでもらえる機会を多く与えるとともに、「また見たい、また来たい」という気持ちを起こさせたのでした（第3章【4】143頁～を参照）。

２０２０年は、町の人からコロナにかかった人が来るのは嫌だとの声もあり、そのようなイベントも基本的に中止せざるを得ませんでしたが、屋外で実施するものはできるだけ催行する方針を取りました。人気の花火もコロナの蔓延に伴ってそれまで延期していたものを海開きの日（8月1日）に合わせて実施し、旅行者に健在ぶりをアピールしました。

熱海は関東圏に近く、いわゆる「マイクロツーリズム」についても有利な立地にありますが、受け入れ側の工夫も見られました。

例えば、あるホテルチェーンでは、ヴァイキング方式の夕食を止め、（感染防止に配慮した上で）

熱海検番で食事をとってもらうプランをつくりました。

また、多くの美術コレクションで有名な**MOA美術館**では、閉館後、人数限定でナイトミュージアムを学芸員の解説付きで見学し、その後、著名なシェフ鎧塚氏によるグルメを賞味し、夜は花火を見るという企画を作ったところ、とても好評でした。MOA美術館は桃山町の山の頂上近くにありますから、さぞかし雄大な花火が見られたことでしょう。これも、必要に迫られたとはいえ、地の利と旅行者の求めるものを考え抜いた結果の企画と言えます。バラバラに存在する観光資源、美術館での詳しい説明をつけた鑑賞、有名シェフのプロデュースによる食事、雄大な花火をそれぞれ「勝手に見てください」と突き放すのではなく、一つのまとまったものとしてプロデュースすることで、大きな付加価値を生んでいるのです。これからコロナ禍が収束しても、このような提案力が要求されることを示しているものとして好例と言えます。

熱海の事例が教えてくれるのは、**さまざまな観光資源を、一つ一つのバラバラな点としてだけ存在させるのではなく線で結び、そこに人間的な魅力を加えることが必要**だ、ということではないかと思います。

熱海には、観光都市であるがゆえに、観光協会、旅館組合、商工会議所などの観光に関連する団体があり、「**地域DMO**」は登録されていませんが、これらが、いずれも市役所などの行政に協力的であることも、復活がうまくいっている大きな要因として考えられます。（第3章【12】167頁～を参照）。

市の経済観光課では、コロナを機に**マーケティングをきちんとした上で施策を考えていきたい**としており、コロナの収束を見据えた爾後の対応として、熱海に既に定着している海のイメージだけでなく、今後は山も含めた自然を強くアピールしていきたいとしています（山歩き、ハイキング、バードウオッチング）。

そのためにマップを整備する予定で、市内に点在する文化遺産の有効活用を視野に入れ、観光資源の魅力づくりをしていくとしています。その手始めとして**旧日向別邸**（重要文化財で、世界的な建築家ブルーノ・タウトが設計した建築が現存している）の再公開に向けてプロジェクトを立ち上げました。さらに、２０２２年の大河ドラマ「鎌倉殿の13人」を見据え、市内にある関係スポット（伊豆山神社など）を深堀するような企画を考えるとのことです。

日本最大の温泉都市が、温泉だけに頼るのではなく、**さまざまな分野を絡めて観光地としての付加価値を高めようとしている**のは、これからの地域振興の一つのモデルケースになるものと思われます。

③由布院

西日本でとりわけ観光客に人気の高い由布院温泉はどうだったでしょうか。

幸いなことに旅館の倒産は発生しておらず、売りに出たところもありましたが、これはコロナとは直接に関係はなさそうです。

市の独自の施策として、市民向けに宿泊キャンペーンを実施しました（宿泊代金の70％を補助する。５人までＯＫで、市民がいれば、市外からの旅行者の帯同もＯＫとした）。これはかなりの効果があったようです。

財政的な支援としては、宿泊施設の雇用調整金として給与の６割負担、従業員の家賃補助があり、また、飲食店に対する補助として、前年比50％減以下のところに対して、税金の支払い猶予、借入金に対する利子補給を実施しました。

市内の宿泊施設には、他の町から来て働いている人が多くいますが、休業に伴って離職者が増えたせいか、定住人口が毎月１００人程度減少しているのが認められました。

由布院は、地元の企業が頑張っていることでも知られていますが、多くはないといえ、市外資本のものからは税収が見込めないので、市としてはこういう時期にはとても困るとの指摘がありました。

大規模な店が比較的少ないので〝ＧｏＴｏトラベル〟キャンペーンの電子クーポンは使いにくいとの声が多く聞かれました。

市役所では、宿泊客が大きく伸びない中で、日帰りの旅行者にどうやってお金を使ってもらうか、官民一体となって、オリジナル商品を作ることなどを引き続き検討しているとしています。

以上のように概観しますと、地域の状況とその対策としてのキャンペーンの間に差があるのがわかります。何分にも、急なことではあり、国の施策という点からマクロな見方にたたねばならないのは致し方のないことではあるものの、「大企業優先の施策だ」という声が多く上がったのも無理からぬことと思えます。小規模の経営者が多い観光産業においては、必要な援助をしていくとともに、彼らにも意識改革が必要でしょう。また、生産者側（つまり観光産業の経営者）の論理で動かない旅行者の願望、心理（これは極めて人間的なものだと筆者は考えています）に配慮することが、これからの「観光立国」のポリシーメイキングには必要になるのではないでしょうか。

次回は、そのような地域の実態をよく見据えた施策が望まれるところです。

（4） 大河ドラマの舞台

2020年は、コロナ禍の影響で、テレビドラマ、映画の撮影、コンサートの開催などにも大きな影響が出ました。

ドラマや映画の舞台となったところは、それ自体が大きな観光スポットになっていますが、とりわけ、大河ドラマや朝ドラの舞台となったところは、近年、とみに人気が上昇する傾向にあります。

2020年の大河「麒麟がくる」の舞台は、岐阜県が多かったのですが、明智光秀の出生地と言われる**可児市**、**明智町（恵那市）**では、「**大河ドラマ館**」を作って旅行者の取り込みを図りました。

恵那市によれば、コロナ禍にもかかわらず予想以上の5万2000人の集客があり、目標の6万人には届かなかったものの〝ＧｏＴｏトラベル〟キャンペーンの開始をきっかけとして月を追うごとに訪問者が増えたとのことです。これはかなり善戦したとの評価をしているようです。

市の支援策として、旅行者には５０００円以上の宿泊代金に対し、１０００円の割引と５００円分の商品券の提供、１万円以上の宿泊代金に対し、２０００円の割引と１０００円分の商品券の提供を実施しました。

岩村の町並み

明智町には以前から「**日本大正ロマン村**」があり、まち全体がレトロな雰囲気になっていますが、その一角に「大河ドラマ館」を作ったのです。単に、ドラマ関連の展示を紹介するだけでなく、地元関連物産の紹介、販売も行なう、いわば「ドラマのある道の駅」というべきものでした。

明智町への途中にある**岩村町**では、それらと結んで集客を図りました。岩村には「女城主の城」や江戸時代の儒学者佐藤一斎の史跡があり、文化財に富む一方で、観光振興にも力をいれ、中心部では電柱をなくした美しい街並みが保存されていて、「重要伝統的建造物群保存地区」にも指定されています。築２２０年の古民家を改装した素敵な民宿もあり、そこでは、城下町の家の造りや山からの水を引き込んだ庭の風情を楽しむことができます。

そこは、まるで別世界で、眺めていると時間の経つのも忘れてしまいます。夜になると、電柱ではなく足元に行灯がともされます。緩やかな坂道に並ぶ行灯の柔らかい灯りが古い町並みに映えて、幻想的ともいえる美しさを醸し出しています。その雰囲気を活かして朝ドラ「半分青い」の舞台にもなりました。歩くだけでタイムスリップしてしまう、そして何かゆったりと心穏やかな気持ちになれるまちなのです。ちなみに、隣の駅名は「極楽」といい、そこへ行く切符を求めて、鉄道マニアも多く訪れています。

恵那市は、広い市域の中に観光資源が点在していますが、これらを結びつけ、大河ドラマを動機として観光客の誘致を図った結果、コロナ禍にもかかわらず、前年比で約8割の訪問客数を維持できたとしています。

コロナ禍の中にあっても、日本人の旅行動機の中に、右に述べたようなことは健在でした。これは地域の振興を考えるうえで大いに参考となりましょう。ただし、いつまでも「とおり一遍」のものではダメで、その土地、地域、テーマに沿って深堀した**オリジナリティ**が求められるのは言うまでもないことです。**旅行者の欲求をいかに先取りするか**が、どこの地域にも求められているのです。それを、地元の人がどのように考え、進めていくかが振興のカギとなるのです。

以上述べたのは一例ですが、他にも**全国で自治体によるさまざまな補助事業**が行なわれました。共通するのは、旅行者に対しては、

（ⅰ）**宿泊に対する補助**（割引）

（ⅱ）**買い物に対する補助**（割引）

で、金額は概ね５０００円（一人一泊あたり）、買い物では、一人当たり２０００円程度となっています。方法として、商品券として配布するもの、プレミアム付きで販売するもの（５０００円で売り出し６０００円分の買い物ができるなど）が主たるやり方でした。県民だけを対象するものも見られましたが（群馬県、富山県、福井県、山梨県、福島県など）次第に全ての旅行者を対象にするものが多くなりました。

それらの中で特徴的なものとしては**長野県の実施した「ディスカバー信州・小さなお宿応援割」**で、客室数10室未満で、街中の旅行会社・ＯＴＡ（インターネット上だけで取引を行なう旅行会社）を通じた予約を受けていない宿泊施設のみを対象とし、１万円以上の宿泊に対し５０００円、５０００円以上１万未満の宿泊に対し、３０００円を割り引くというものです。長野県庁の推計によれば、７月の開始から２０２１年３月１日までで、３万人泊の目標に対し１万人泊の実績でした。会計年度末までを含めても40パーセント程度の消化率に留まるのではと見ています。

長野県はペンションや民泊などの小規模な施設が多いことから考え出された施策で、大規模な施

設の利用に傾く傾向の大きかった国の〝ＧｏＴｏトラベル〟に比べて、より地域に寄り添った形のものと言えるでしょう。旅行者の裾野を広げる意味からももっと評価されて良い施策と思われます。今回、事業者側への情報発信が十分でなかったのか、事業者側の理解が足りなかったのかは不明ですが、４割という消化率は残念でなりません。今後はこのような形の補助を広い規模で行ない、さらに充実していくことが望まれます。

また、**事業者に対しては、税金、利子の支払い猶予**を行なっています。自治体の斡旋によって信金、地銀などの金融機関に弾力的な返済ができるように働きかけたところも多かったようです。これらによって、当面の事業休止、廃業は免れていますが、この猶予期間が切れたとき、どのような状況が現出するかは予断を許しません。当て込んでいたオリンピック需要が当初の予想を下回るものになったことから、**規模の大小を問わない支援策**が求められます。

(5) チェーンホテルをめぐる状況

コロナ禍の中にあって、広く宿泊施設を展開する企業の状況はどうだったでしょうか。

全国に64件のホテル（主に観光客を対象したもので比較的低価格のものから高価格のものまでを擁する）を展開するホテルチェーンを例に取って状況を概観してみましょう。

ホテルからのコメントの主要なものは、以下のとおりです。

（ⅰ）売上ベースの対２０１９年比較は約30％（70％減）。

（ⅱ）この時期、プロモーション活動と言えるものはできなかった。情報発信の中でコロナ対策をしっかり実施していますというのがやっとであった。

（ⅲ）不採算のところは閉めることを検討し、既に実施したものもある。雇用調整助成金を利用。1年の期間が切れたときどうするか苦慮している。

他のホテルも大変だろう。同時に、他ホテルなどからの売却の申し込みも多くあったし、自治体を通じて売り込むものも散見された。

（ⅳ）良い人材（料理人、仲居など）を確保しておくために、個々のホテルではなく全体を統括するマネジメント会社の社員としての身分を保証して、他への流出を防いでおり、景気回復の暁には、新規（再）開業に際して即戦力となるように考えている。

（ⅵ）価格帯の安いホテルでは食事の提供について、引き続きヴァイキング方式を取らざるを得なかったが、コロナ対策として手指の消毒液のみならず手袋の配布等によって蔓延防止を図っている。

また、泊食分離は、以前から行なっているところもあり、コロナ禍がきっかけとなったわけではない。

（ⅶ）〝ＧｏＴｏトラベル〟キャンペーンの実施によって相対的に高価格の部屋の選好が強まった。

また、インターネット経由による予約が急増しており、簡単なやり方（操作）を提供した業者（例えば、じゃらん）では、苦手と思われていた高齢者も例外ではなかった。結果として、リアルエージェント経由の予約が大きく落ち込んだ。これを機に、ホテル予約の流通形態の見直しが進み、リアルエージェントのレゾンデートル（存在意義）が問われるのではないか。

（viii）今後の見通しについては、楽観を許さない状況で、仮にオリンピック後に、コロナが終息に向かったとしても、来年度でコロナ前の80％程度（売上金額ベース）に留まるのではないか。旅行客の高価格志向への移行やマイクロツーリズムへのシフトはある意味で結構なことではあるが、チェーンホテルの経営ということになると、やはり、数が必要になるからである。

既に述べた地域毎の状況に似ている部分が多いですが、（vii）にあるように、ネット経由の予約が増えている点は、システム化が進んだ企業のメリットを表わしているということができましょう。また、数を多く必要とするこのような企業では、今後の見通しを固めに見積もる必要があり、コロナ後も楽観視していないことがうかがえます。

注意すべきは、旅行業者についてのコメントであって、**単なる予約の取り扱いだけでは近い将来、その意味が大幅に薄れていく**ことを指摘していることです。**旅行のプロデューサーとして、旅行者に、旅行者が自分ではできないような企画・手配をしていくことが叶わなければ旅行業者としての意味がなくなる**ことを示唆しているのです。この後で詳しく説明しますが、「**旅行の高付加価値化**」というのはまさにこういうことであって、個人の旅客に対して、値引きしかできない旅行業者は、早晩、退場を迫られるであろうことは、サプライヤーであるホテル業の見方からも首肯できるものと思われます。

現に、コロナ禍をきっかけとして大手と言われる旅行業者さえも数千人削減というリストラをせざるを得ない状況になっているのは、このようなことが既に始まりつつあることを示しているようにも思われるのです。

(6) 宿泊施設の倒産

今回、苦境の中にあっても、政府の財政支援施策などもあり、倒産が多く発生しなかったことは不幸中の幸いと言わねばなりません。

不幸にして倒産してしまった一例を挙げれば、次のようになります。

(i) 別府　三泉閣　1953年開業の老舗旅館、資本金1100万円

200名収容の大宴会場があり、団体客に負うところが大きかったが、日韓関係の悪化によって韓国人の団体客が大幅減少となったのに加えて、熊本地震が追い打ちをかけた。温泉プリン「ぷるぷる　ぷるりんちゃん」を開発して相応の売上があったが、コロナ禍が引き金となって、年商を上回る有利子負債12億円が重くのしかかり自己破産を余儀なくされた。コロナ関連で最大級の倒産と

言われる。

（ii）グランド鳳陽　1957年開業、佐賀県の名湯、嬉野温泉の老舗旅館、資本金800万円
外国人とりわけ日韓関係の悪化による韓国人の減少などにより経営が悪化し、自己破産。負債5億円。

（iii）奈良県吉野町　宝の家　1929年創業、資本金300万円
90年の歴史を持つ伝統旅館。吉野山を一望できる露天風呂を備え、政府登録国際観光旅館として著名人にも人気があった（17頁参照）。負債2億円。

（iv）スポーリア湯沢　越後湯沢にあるスポーツ施設、リゾートホテル、資本金1000万円
積雪量の不足によるスキー客の減少に加えて、コロナ禍が追い打ちをかけ倒産。負債3億5000万円。

が挙げられます。ここで注意すべきは、**事業の華やかさに比べて宿泊業の資本金の脆弱なこと**です。それにもかかわらず、設備投資に大きな金のかかる業態であること。そして、外的要因に左右されやすいビジネスであることです。

これらが、コロナ禍という想定外の事態に直面して一挙にその弱点をさらけ出したということができます。

(7) 問題点の抽出

今まで見てきたような各地の状況を踏まえ、その内容を注意深く分析してみましょう。次のことが指摘できるように思われます。

(i) **日本人の旅行に対する願望**は相変わらず根強いものがあり、将来的にも変わらないであろう。いろいろな調査やアンケート、最近では、2021年6月30日に放送されたテレビ東京「WBS」でもそのような声が聞かれました。

(ii) これからは、それまで体験できなかったことに対する好奇心が、コロナ禍というきっかけによって、衰えるどころか、**かえって強まる**のではないかとさえ思われる(今回は、普段より相対的に高めの宿泊料の旅館に宿泊して、違った体験をすることが顕著に現れた)。

(iii) つまり、それは、旅行者を満足させるような**価値あるものを提供**すれば、相対的に多少高くても旅行者はついてくるのではということである。従来そのような価値あるものを知らなかった旅行者が、「こういう楽しみ方もあるのだ」と学習した(進歩した、欲求が高度化した)という言い方もできるであろう。

(iv) これは、**安売り一辺倒で数を稼ぐというビジネスモデルが徐々に衰退**しつつあることを示している。もちろん、いつの時代にも団体旅行というものはありうるし、決してなくならないであろうが、旅のスタイルの主流が、安売りで得をしたと感じるよりも、**旅行に出て豊かな気持ちになりたい**という人たちが確実に増えてきているということである。

このような旅行者の**嗜好の変化は、いわゆる「コト消費」の拡大のためにも、オリジナリティのあるもの、特別感のあるものを発掘し提供していくことがますます必要**になります。繰り返して言えば、観光業に携わるものにとって、今までは、大人数でひとりあたりの利益を薄くという考え方が主流でしたが、コロナ禍で大きな人数が期待できない現在、**一人当たりの利益を上げることが急務**になるということです（タテ×ヨコで考えるとき、今までは、ヨコ（規模）を大きくすることが主であったが、これからは、もっとタテ（価値）を考える必要があるということです）。

そのためにもそれに見合う魅力（付加価値）を旅行者に提供していくことが求められます。それぞれの地域での独自の「魅力」は、何なのか？　それは、誰も考えてくれません、そこに住んでいる人、地域を振興させたいと考えている方が必死になって考えなければならないことなのです。日常見慣れている目には、なかなかそれが発見できにくいかもしれません。そのときは、**外部の人の目を借りましょう**。

地域を再生・発展させた例としてしばしば引用される**長浜**や**稲取**、「**たまちゃん電車**」で有名になった**貴志川線**（和歌山県）や一躍有名になった「**ななつぼし**」など数多くの観光列車を運行する

ＪＲ九州の観光客に対する取り組みなどは、外部の目を生かした取り組みで成功を果たしましたし、財政再建団体となった夕張の再生に携わってきたのは東京都庁出身の鈴木直道氏（現北海道知事）でした。地元の人たちにとっての「当たり前」は、外部から訪れる人にとっては、良い意味でも悪い意味でもとても新鮮に感じられることが多々あるものです。そういう声に虚心になって耳を傾けることがとても重要なのです。これについては、第２章を参照していただきたいと思います。

【2】〝GoToトラベル〟キャンペーンの概況と評価
――課題と今後の見通し

ここで、観光支援キャンペーンとしての〝GoToトラベル〟事業の内容を確認しておきましょう。

〝GoToトラベル〟事業は、失われた旅行需要の回復や旅行中における地域の関連消費の喚起を図り、ウイズコロナ時代の「安全で安心な旅のスタイル」を普及、定着させることを目的として政府の主導のもとに実施されました。

国内旅行を対象として、宿泊・日帰り旅行代金の35パーセントを割り引くこととして2020年7月22日に開始され、それに加えて、宿泊・日帰り旅行代金の15パーセント相当分の旅行先で使える「地域共通クーポン」の付与が、10月1日から開始されました。利用回数の制限はありませんが、一人1泊当たり2万円が上限（日帰りの場合は1万円）です。旅行先の都道府県及びそれに隣接する都道府県の土産物店、飲食店、観光施設、アクティヴィティ、交通機関などにおいて旅行期間中に限り使用可能なものとなっていました。要するに地域を面として捉え、旅行者の観光行動にそって必要となる費用を国が補助しようとするものであったわけです。

これに繋げる形で多くの自治体でも支援事業が行なわれた結果、旅行者は、かなり少ない費用負担で旅行をすることができました。

感染防止対策についても事業者、旅行者の双方に感染防止のための対策、指導、助言を行ないました。例えば事業者には、旅行者に対する検温の実施、客室の清掃、消毒、飲食施設の3密対策など、旅行者に対しては「〝GoToトラベル〟利用者の遵守事項」についての周知徹底を図り、「新しい旅のエチケット」の見直し、充実などです。

〝GoToトラベル〟キャンペーンによって多くの地域で客況が回復を見せたことは多いに評価して良いと思われます。

観光庁の推定によれば、2020年7月から12月までの間で、8282万人泊の利用があり、旅行者一人当たり1泊につき1万3200円の旅行代金（宿泊費用と地域共通クーポンの合計額）に対し4600円の支援がなされたとしています。宿泊日数は1泊での利用が83パーセントを占め、訪問地として、北海道、大阪府、静岡県、神奈川県、兵庫県、長野県、千葉県が上位を占めました。東京都は開始時期が異なるため単純な比較はできませんが、北海道に次いで多かったものと思われます。

今までの各地に対するヒアリングによると「従来より相対的に高級感のある旅館」に泊まる傾向が指摘されていますが、観光庁の実績分析から見る限り、宿泊だけを利用した旅行者は、5000円以上1万円未満が41・1パーセントとなっていて、これを支払い実額とみるならば、本来の宿泊料は7500円から1万5000円となり、それほど高級とも思えないということです。各地の関係者のコメントといささか矛盾するデータですが、普段は（安値志向が定着してしまって）これより安いところに泊まることが多いことを示しているのか、パッケージ旅行として高級旅館を組み込んだものが〝GoToトラベル〟キャンペーンを利用して多く販売されたのか、今後、さらに数字が固まった段階で精査する必要があるものと思われます。

一つ言えることは、人間の変わらぬ欲望として、よりグレードの高いものを求める傾向は常にあるので、**今後とも、以前より良いものを求める傾向は続いていくであろう**と考えられることです。

これからは、この傾向を踏まえ、今回、それほどには恩恵を被らなかった観光業者（より低価格帯の宿泊施設、小規模の土産物店など）をこれからどのようにテコ入れしていくかが大きな課題として残りました。先に述べた長野県における小規模宿泊施設に対する補助事業（29頁）も一例として参考にできるのではないでしょうか。

また、今回、旅行者に多く選ばれた施設や旅行業者も、今後は、さらに価格に見合うだけの魅力ある内容を求められるわけで、単なる「外見的な豪華さ」だけでは、もはや、旅行者の満足を得られることはできなくなるであろう、ということです。

今まで述べてきたような諸状況を踏まえて、観光庁では、令和3年度においても、3兆円近い規模の予算を組んで、観光需要の回復が遅れている地域・事業者への配慮を行なっています。観光産業に対する支援策として日本政策金融公庫などにより、実質無利子・無担保融資の上限額を最大3億円にまで引き上げるほか、雇用調整助成金の特例の延長や拡充、緊急事態宣言を受けた事業者に対する一時金の支給の検討などがあります。自治体の実施する感染拡大防止協力金とあわせて、これらの実施の暁には、大きな支援策となることでしょう。

コロナ禍をきっかけとして「密」の問題が大きく論じられるようになりましたが、混雑を緩和する意味においてだけでなく、経営効率、旅行者への手厚いサービス、満足度の向上の意味からも、**需要の分散を図ることが本格的に必要な時期に来ている**ようです。観光庁でもこの点を、今後の事業実施についての大きなポイントとして考えているようです。

今後の課題としては、上記のほか、観光地域の高付加価値化のためのハード面での整備や、地域の関係者の多面的な連携による観光資源の魅力度の向上、（農業・漁業体験、製造体験などの）いわゆる「コト消費」の拡大を推し進めていくことが挙げられます。これらについては、この後の章で詳しくみていきます。

さらに、小規模な観光・宿泊施設で立ち遅れているとみられるＩＴ化も、この際、思い切って大きくテコ入れしていくことが必要で、そのための援助策（資金、ノウハウ、導入援助など）が大きな広がりをもって浸透していくことが望まれます。

このような準備をしておくことが、やがてくるインバウンドの回復期に大きな力となることは言を俟ちません。**この時期に、しっかりとした観光地としての地域の力を付けていくことが、同時にインバウンド回復への力ともなることを忘れてはならないでしょう。**

【3】いま、この時期に何をしておくべきか

コロナ禍における各地の諸状況、それに対応する国、自治体の施策を見るとき、**観光業に携わるものは、何をしておくべきなのでしょうか？**

優先度の高いものをピックアップしてみると、次のようになるのではないかと考えられます。

①**感染防止策の徹底**……これは言うまでもないことです。感染の勢いが緩くなっても決しておろそかにしてはいけないことです。その前提に立った上で、

②**リピーターをつなぎとめておくこと**……毎年来てくれるようなその地域のファンは、コロナ禍で行けないことをとても残念に思っているに違いありません。そういうその地域のリピーターには、折あるごとに思い出してもらうようにすることが肝心です。季節の挨拶状だけでなくその地域のことを思い出させる特産品を送ったり、通信販売を活用して旬の時期のものを届けることが考えられます。特産品の通信販売は、次の旅行に結びつける有効な手段であると思われます（第3章【4】

も参照してください）。

③**コロナ収束後の新規需要を育てておく**……コロナでうずうずしている人たちはリピーターだけに限りません。収束したら行ってみたいと思う人のために「こんな対策をとってきた」という安心安全の情報や、いわゆる「ヴァーチャルトラベル」によって旅心を誘うのも新規の需要を開拓するために必要です。これは特にこのようなことに関心の高い若年層が主たるターゲットとなります。

④**タテかけるヨコで収益を確保する**……遠くに行けないのなら近くで深堀するという風潮が育ちつつあります。既に述べた「マイクロツーリズム」という考え方ですが、近場でも、少人数でも高付加価値化によって収益を確保するというやり方です。薄利多売からの発想の転換が必要なのではないでしょうか。「安売りの数稼ぎ」では、もはや、やっていけないのだということを、地域の振興のために強く認識すべき時期が来ているように思われます。

ＪＲのショートステイや私鉄沿線の小旅行は以前からありました。それを見直してみるとヒントが得られるように思います。

日帰りの旅行でも一人あたりの単価のアップを図り、ＳＴＡＹの時間を長くする。できれば日帰りから1泊してもらえるプログラムを開発する。1泊のものは2泊3泊にできないか考える。そのためには、宿泊する日の夜に何をしてもらうか、2日目の昼間に何をしてもらうか考える必要があります。翌日の朝にもプログラムがあれば、なおよいでしょう。

従来のように、朝食後に宿泊客を送りだしておしまいでは、泊まってくれる旅行者を増やすことはできないでしょう。

モノ消費からコト消費へという考え方は、その意味で大変重要な意味を持っています。長い時間の滞在に耐えうる魅力の開発（体験などのコト消費、食事、ナイトタイムエコノミー〔149頁参照〕など）は、それらを単独で考えるのではなく、旅程の流れのなかで考える必要があります。

それには、プロデューサーである旅行業者や観光関係に携わる人の見識も必要になりますし、地域全体が協力して、その地域の持つ魅力を再検討することが必要です。それを観光業のプロが一つのまとまった旅行として提案し、必要であれば商品として造成するのです。

そのためにも、**観光業に詳しい人材が是非とも必要**となります。単なる思いつきや断片的な知識では十分でないのです。こういうことからも、観光業に携わる人が体系的な知識を持つことが必要で、そのための研修をしておく必要があります。

観光庁が主管する国家試験に「**旅行業務取扱管理者**」という制度があり、国の政策を理解するための法令や、地域振興にすぐに必要になる実務知識が試験問題を構成しています。観光に携わる行政職や、観光協会の方々でこの資格を持っている人はまだ少ないようです。このような時に力を発揮するべく、このような資格を持った人材を多く育てておくことが必要になります。比較的時間の余裕がある今こそがその時期なのではないでしょうか。観光業に必要な人材を確保することが今こそ求められているのです。

ＤＭＯについても、今まで述べてきたことを踏まえながら、地域に合った形で立ち上げ、運営していくことが肝要です。これについては第3章（【12】167頁～）を参照願います。

第2章　「観光」を復活させるために必要な四つの要素

そもそも「観光（産業）」は誤解されている

コロナ禍以降、〝ＧｏＴｏトラベル〟ほか観光をめぐる議論が盛んになりました。しかし、それらを見聞きするにつけ、**「観光」そのものが誤解されている**、それが言いすぎなら、少なくとも正しく理解されていないと考えざるをえません。

「観光地」があり、人が旅行するだけでは「観光（産業）」は成り立ちません。また「観光」は、ホテルや旅館あるいは旅行業者、観光地にある業者だけの問題ではありません。もっと広い視野に立って「観光産業」を考えなくてはならないのです。

ひところの「インバウンド」の議論もそうでしたが、「外国人観光客が何万人増えた」「韓国人観光客が90％減った」などという、増えた・減ったというだけでは、「観光」はとらえられません。

この意味で、**観光産業の危機はコロナ以前からあった**というべきでしょう。観光産業が地方活性化の起爆剤になるのは経験的に周知のことであり、ずいぶん前から言われてきました。では、コロナ禍を超えて観光産業を復活させ、地方の活性化を図るにはどうしたらいいのでしょうか。

ここでは、**改めて「観光地」とは何かを問うことから**始めたいと思います。

【1】「観光地」には「資源、施設、人間力」の三要素が不可欠

観光地というと、「名所」「旧跡」「景勝地」などが思い浮かぶと思います。

たとえば『万葉集』には、天皇の行幸に際し詠われた「天香具山」「三輪山」「龍田川」「吉野山」「朝香浦（堺市）」などの近場から、「伊勢」「牟婁の湯（南紀白浜温泉）」「熟田津（道後温泉あたり）」「石見国（島根県）」など当時としては遠隔地と思われるところまで、数多くの地名が登場しています。

また、観光地といえば、いまや日本人のみならず、外国人にも人気なのが温泉地。こちらも、神功皇后や持統天皇など皇族や、行基、弘法大師（空海）、一遍上人など僧による開湯伝説が言い伝えられています。これらは全国の至るところにあり、古くから人々をひきつけた心ときめく場所だったことがわかります。

ただし、本書で産業としての「観光地」を考える場合は、「名所」「旧跡」「景勝地」だけでは足りないのです。

では、「観光地」に必要不可欠な要素とは何なのでしょうか。
結論から申し上げると、それは次の**3要素**です。
(1) 観光資源、(2) 観光施設、(3) 人間力（人的サービス）。
この3要素が具体的に何を指すのか、詳しく述べていきましょう。

(1) 観光資源

観光資源とは、**訪れた人がこころときめかす対象**であり、**①自然・気候資源、②歴史的・文化的資源、③人工的なもの**、という3つに分類することができます。

順を追って説明しましょう。

① 自然資源・気候資源

[自然資源]
自然資源について説明すると、山、川、湖、高原、海、島、その他の美しい風景、そして先ほどの温泉です。
その事例のひとつとして、先ほどの万葉集の例を挙げた『歌枕』があります。
『歌枕』とは、『大辞林 第三版』（三省堂）によれば「①和歌に詠まれて有名になった各地の名所・

旧跡。②和歌を読むときに必要な歌語・枕詞・名所など。また、それを記した書物」と説明されています。

古くから数多くの歌が詠まれ、歌枕もそれに連れ数を増していきました。

吉野山の桜　蔵王堂方面

- 観光産業
  - 観光地
    - 観光資源（観光の対象となるもの）
      - 気候、自然資源
        - 山、川、湖、高原、温泉、海、島、美しい景色
      - 歴史・文化的資源
        - （有形）建築、庭、遺跡
        - （無形）祭り、芸能
      - 人工的なもの
        - 美術館、博物館、水族館、遊園地・テーマパーク
    - 観光施設　ホテル、旅館、民宿、ペンション、休憩所、トイレ、土産物店
    - 人的要素　ガイド、ホスピタリティ要素
  - アクセス

国文学者で歌枕の研究家であった長谷章久博士編『風土と文学』（１９８４年　教育出版文化センター）に収録されている「歌枕研究の意義」では、歌枕の成立要因を7つのタイプに分類しています。

そこで、それに則って**代表的な歌枕**をまとめてみました。

布引の滝（兵庫県）

1　名勝・佳景として喧伝された場所

富士、須磨、布引滝、松帆の浦、天橋立など

来ぬ人を　松帆の浦の夕凪に　焼くや藻塩の身もこがれつつ（藤原定家）

（新勅撰集に収録され、小倉百人一首にも入っている定家の自讃歌として有名で、松帆の浦は、今でも淡路島にある）

2　交通の要衝

武蔵野、足柄、青墓、鈴鹿

3　歴史的事件（含む伝承）のあった場所

衣川、姥捨山、蒲生野、伊吹山、大江山など

大江山　いくのの道の遠ければ　まだふみも見ず天の橋立（小式部内侍＝和泉式部の娘）

（金葉集に収録され、小倉百人一首にも収録されている。大江山は山城と丹波の境にある山）

4　信仰上の霊地

熱田、谷汲、竹生島、高野、那智、出雲宮など

　谷汲寺　万世の願いをここに 納めおく水は苔より 出る谷汲　（ご詠歌・過去）

（岐阜県にあり、西国三十三観音霊場をめぐる最後の札所、谷汲山華厳寺があり、巡礼の満願・結願の地として平安時代から広く信仰を集めており、その厳かな雰囲気だけでなく、桜、紅葉の名所としても有名であった）

5　面白い名称の地

堀兼井、木枯森、涙川、待不得山、思川など

　武蔵野の掘兼の井もあるものを　うれしくも水の近づきにけり　（藤原俊成　千載集に収録）

　汲みて知る人もありけむ　おのずから　掘兼の井の底の心を　（西行　山家集に収録）

（堀兼井は埼玉県狭山市にある渦巻き型に掘って水源に至る井戸。竪堀の技術がなかったころに地下深くにある水をやっと得るために掘られた井戸でこの名がある）

6　特殊事情のある場所

音無滝、室八島、走湯、望月牧など

　伊豆の国山の南に出づる湯の早きは神のしるしなりけり　（源実朝）

（走湯は熱海市伊豆山にある温泉で、横穴の洞窟の中の源泉から高温の温泉が噴き出すので有名。

谷汲寺

末の松山

淡路島にある上立神岩

今から約１３００年前に発見され、山中から湧き出した湯が海岸に飛ぶように走り落ちる様から「走り湯」と名付けられ、伊豆山神社の神湯として信仰されていました）

7　先行作品で詠われた場所

信夫、末松山、真間、高師浜、淡路島、由良門、因幡山など

君をおきてあだし心をわが持たば末の松山　波もこえなむ　（古今和歌集　東歌に収録）

契りきな　かたみに袖を　絞りつつ　末の松山　浪こさじとは（清原元輔＝清少納言の父）

（後拾遺集に収録。百人一首にも入っている。宮城県多賀城市にある小高い丘で、波も「超えることがない」といわれ、男女の恋愛で「浮気をしない」ことの象徴として和歌に多数読まれたことで有名。西行法師、芭蕉も訪れたという。ちなみに、東日本大震災の時にもここを津波がこえることはなかったそうです）

こうした場所、特に畿内（山城国、大和国、摂津国、河内国、和泉国）にあるものは、現在でも名所・旧跡と呼ばれているところが数多く、観光資源として活用されており、まさに代表的な観光地となっています。例えば、淡路島は古事記の国生み神話の場所として知られ、「天の御柱」に擬せられる「上立神岩」や「おのころ神社」があり、多くの人が訪れています。

しかし、すでに**荒廃していて活用できていない地域でも、何か新しく付加価値を付ければ、観光**

資源に生まれ変わる可能性があります。

例えば、あまり聞きなれないと思われる、2の岐阜県にある青墓は、古代・中世の東山道の宿でしたが、その後、戦乱で荒廃したと言われています。『吾妻鏡』『保元物語』『平治物語』などにも登場し、有名な白拍子がいた所として知られています。

もう一つ、わかりやすい自然資源の例を挙げると、**「国立公園」**や**「国定公園」**、**「都道府県立自然公園」**があります。なかでも国立公園は、全国各地に存在し、北海道だけでも6カ所あり、その美しい景観や壮大な景観に心奪われた読者も多いことでしょう。

2021年6月現在、自然公園法に基づく国立公園は34カ所、国定公園は57カ所あり、前者は環境省が、後者は都道府県が管理をしています。

ここでは国立公園の一覧を掲載しておきます。

国立公園

1利尻礼文サロベツ　2知床　3阿寒摩周　4釧路湿原　5大雪山　6支笏洞爺　7十和田八幡平　8三陸復興　9磐梯朝日　10日光　11尾瀬　12上信越高原　13秩父多摩甲斐　14小笠原　15富士箱根伊豆　16中部山岳　17妙高戸隠連山　18白山　19南アルプス　20伊勢志摩　21吉野熊野　22山陰海岸　23瀬戸内海　24大山隠岐　25足摺宇和海　26西海　27雲仙天草　28阿蘇くじゅう　29霧島錦江湾　30屋久島　31奄美群島　32やんばる　33慶良間諸島　34西表石垣

34番目の西表石垣国立公園は、２０１８年3月20日に国際ダークスカイ協会から、日本初の「星空保護区」にも認定されています。

また、世界遺産には「自然遺産」部門があり、日本国内では、以下の5カ所が登録されており、国立公園と重複するところもあります。

世界遺産（自然遺産）

1屋久島　2白神山地　3知床　4小笠原諸島　5奄美大島、徳之島、沖縄島北部及び西表島

国内のさまざまなリゾートの多くが、このような自然の懐に抱かれた形で作られていることから見ても、自然景観が観光旅行の大きな動機となっていることは紛れもない事実です。自然資源は市町村や県がまたがっていることも多いので、一緒に企画を考えたり、コミュニティーバスを走らせたりするなどの取り組みをしているところもあります。

［気候資源］

もう一つの気候資源については、日本では**避暑地**がわかりやすいでしょう。明治以降に外国人により開発された避暑地の中でも、「**山の軽井沢、湖の野尻湖、海の高山（宮城県七里ヶ浜町）**」は「三大外国人避暑地」と称され、人気を博し、現在も人気の高い観光地です。東日本大震災でダメージを受けた七里ヶ浜町も、現在、復興に向かい、マリンスポーツなど新しい観光資源の開拓などを行なっています。

また、日本人にはあまりピンとこないかもしれませんが、ヨーロッパ、特に日照時間の少ない地域に住む人たちが観光地に求める要素のひとつに、日光による「健康」があります。

ドイツ人をはじめ特に北ヨーロッパの国々の人々は、夏を南の海岸で過ごさないと「冬を越せない」といいますし、泳ぐよりも砂浜に寝そべって本を読んでいる写真を多く見かけるのもうなずけます。早くから地中海沿岸、スペイン、ポルトガルの海岸や遠くは、アジアの海岸まで安い費用で行ける旅行が広がったのも、日光を浴びることが彼らにとって衣食住に次いで必需品であったことを物語っています。毎年、「ネッカーマン」「ハッパークロイド」など大手旅行会社によって分厚い旅行のカタログが作られ（60頁の写真参照）、「今年はどこに行こうか」ということが大きな話題になります。現在では日本でも知られるようになったタイのパタヤビーチは、ドイツ人が見出したものでした。

日本でも、国立環境研究所のHPによると、体内で必要とするビタミンD生成に要する日照時間の推定値が載っており、それによれば、冬季には、緯度の高い札幌市はつくば市の3倍以上の日光浴が必要だとあります。オゾン層の破壊などから、なるべく日光浴を避ける傾向にある日本人ですが、実は慢性的なビタミンDが不足しているとのことです。日本でも**日照時間が長いことが外国人（特にヨーロッパ人）だけでなく日本人に対する観光地としてのアピールポイント**になるかもしれません。

気象資源には、例えば宿泊もできる小さな天文台「**星の文化館**」（福岡県星野村）が人気であることから、「美しい夜空」、「部分日蝕」（２０２０年6月21日に日本の一部で見られました）など、天体関連も入れてもよいかと思います。

長野県の阿智村は美しい星空の村であることを大々的に宣伝していますし、それに対応する施策（例えば、「星空ナイトツアー」）を実施しています。

環境省がバックアップする「**星空の街・あおぞらの街**」全国協議会では、青空と夜空の環境保全とともに地域振興に貢献した団体や個人を表彰しており、令和元年には、着地型旅行「摩周湖星紀行」を実施している「㈱ツーリズムてしかが」（北海道弟子屈町）が環境大臣団体賞を受賞しています。

こうした気候・自然資源は放っておけば開発でなくなったり、荒廃したりします。最近、問題になっているのは、バブル期に建てられたホテルや飲食店などが倒産し、建物の解体などの対策を打てないまま老朽化し、景観の妨げになっていることです。

気候・自然資源も、やはり人の手を用いたメンテナンスが必要であり、人間力がなければ守れないのです。

［温泉］

火山国にあって日本は、古くから温泉が身近にあり、一方で特別なものでもありました。各地に「温泉神社」や「温泉寺」と称する社が残っていることからも、古くから親しまれ、不可思議な力をもつ特別な存在であったことがわかります。**温泉神社**は那須、鬼怒川、南紀白浜、別府、雲仙などに、温泉寺は日光、下呂、有馬、城崎などの温泉地にあります。

同様に、古来、「日本の三名湯」「日本の三古湯」などの名数があること、「○○隠しの湯」「○○の奥座敷」などキャッチコピーのつく温泉も多数あることなどからも、日本人の温泉に対する愛着が感じられます。

また、「鷺の湯温泉」（島根県安来市）や「鹿の湯」（栃木県那須町）、「熊の湯」（長野県山ノ内町）など動物の名前のついたものが多いという特徴もあります。それぞれの動物がその温泉で傷を癒したことが名前の由来で、「鶴の湯」に至っては、秋田県仙北市乳頭温泉郷、北海道安平町、和歌山県みなべ町、東京都奥多摩町と全国各地にあります。

こうしたこともあって、医学的な効用が次第に認知されるようになり、温泉はさらに存在感を増していきました。日本は農業が盛んだったことから、その疲労回復や体力維持にも一役買い、「湯治場」としての利用価値も高くなっていったのです。

歴史家の中島陽一郎氏の著書『病気日本史（新装版）』（雄山閣、２００５）によると、医学的に湯治を採用したのは、江戸時代の医師である後藤艮山（１６５９～１７３３）が最初だったといいます。江戸から京都に移り住んだ艮山は**城崎温泉**の新湯に遊び、その効用を認め、病気の治療に応用すべきと主張、入浴方法や飲泉の方法についての研究のいとぐちを開いたそうです。

その後、高弟の一人、香川修徳（１６８２～１７５４）が後継者となり研究を続け、温泉は「気を助け、体を温め、ふる血を破る」と絶賛しました。なかでも城崎温泉の新湯を日本一と推賞したことで、それまでは湯治場だった新湯の評判が上がり、宿が建つまでになりました。

明治時代に「お雇い外国人」として招かれ、天皇家の侍医でもあったドイツ人ベルツ博士は、温泉の効用を認め「日本鉱泉論」を著し、**草津温泉**を再発見したことは広く知られています。自らも、草津に約6000坪の土地と温泉を購入して、温泉保養地を目指しました。草津には、現在でも「ベルツ通り」があり、博士の胸像が立っています。

温泉の定義と分類

1948（昭和23）年に、温泉の保護と適正な利用を目的として制定された温泉法では、①源泉の温度が25℃以上のもの、②25℃未満であっても定められた物質（遊離炭酸、総硫黄、重炭酸ソーダ、ラドン、ラジウムなど）が規定量以上に含まれているもの、を「温泉」と定義しています。

環境省の「令和元年度温泉利用状況」によれば、日本の温泉源総数は全国で2万7969カ所（うち利用源泉数の自噴4079カ所、動力1万3114カ所、未使用の自噴3625カか所、動力7152カ所）で、最も多かった平成19年度の2万8154カ所に比べ、185カ所減となっています。ちなみに湧出量は毎分251万8113リットルです。温泉地の数は、2971カ所、宿泊施設は1万3050施設です。

一口に温泉といってもその内容はさまざまで、別府のような一大温泉郷を形づくっているものもあれば、山梨や長野を中心に点在する信玄の隠し湯的なひっそりとしたものもあります。北海道には、湯が滝になって流れるオンネトーや、湯が支笏湖から湧き出す丸駒温泉（千歳市）があります。別名「塩の湯」と呼ばれる海から湧く温泉が鳥取県米子市にある皆生（かいけ）温泉に、和歌山県南紀勝浦温泉のホテル浦島には太平洋の波打ち際に「忘帰洞」「玄武洞」二つの洞窟風呂があり、異彩を放っています。

他にも、電気が通っていず、ランプとろうそくで夜を過ごす青荷温泉（青森県黒石市）、毎分600リットル100℃の温泉が高さ30ｍの高さまで吹き上がる峰温泉（静岡県河津町）、源泉13～14℃の冷泉のある寒の地獄温泉（大分県九重町）など、ユニークな温泉が数多くあります。

こうした特徴ある温泉以外でも、人気の高い温泉は数多くあります。近年は、ドイツやイタリア、ハンガリー、トルコ、アイスランド、ニュージーランドといった、もともと温泉文化のある国以外からの旅行者にも、温泉の人気が高まっています。

温泉地の分類と具体例を挙げてみましょう。

1　大規模な宿泊可能な施設が多数ある温泉地

熱海、南紀白浜、別府

「ネッカーマン」の表紙
（56頁を参照）

有馬　温泉寺

2　どちらかというと個人客を意識した旅館が多く存在する温泉地

箱根、有馬

3　地域に密着している温泉地

多数存在

4　秘湯的な、あるいは湯治場的な趣のある温泉地

湯西川、蒸けの湯、霧積、寒の地獄

②歴史的・文化的資源

歴史・文化資源には、**1.有形**と、**2.無形**があります。「有形文化財」「無形文化財」といったほうがイメージしやすいかもしれません。

具体的には、有形の観光資源には寺社、城郭、建築物、庭園、遺跡などがあり、無形の文化財には祭り、年中行事、芸能、工芸技術などがあります。前者には、国宝や重要文化財に指定されているものがあり、後者には、「人間国宝」と称されるそれぞれの技の保持者がいます。

これらは、年を経るごとにその数を増やしています。

1.有形（有形文化財）

有形では、最近、近代の学校建築として初めての国宝指定となった長野県松本市の旧開智学校校舎、幕末後に再興された京都市の真宗本廟東本願寺などが加わって、国宝・重要文化財（建造物のみ）は２５０９件が指定されています（２０２０年12月1日現在）。

旧開智学校校舎は、２０１９年9月30日の官報告示以降見学者が増えて観光名所となったものの、一方でガイドや駐車場不足という問題点もクローズアップされました。

また、世界遺産の「文化遺産」部門は、２０２１年7月に登録された「北海道・北東北の縄文遺跡群」も含め、20が登録されています。

富岡製糸場

世界遺産「文化遺産」

1　法隆寺地域の仏教建造物　2　姫路城　3　古都京都の文化財　4　白川郷・五箇山の合掌造り集落　5　原爆ドーム　6　厳島神社　7　古都奈良の文化財　8　日光の社寺　9　琉球王国のグスク及び関連遺産群

10　紀伊山地の霊場と参詣道　11　石見銀山遺跡とその文化的景観　12　平泉―仏国土（浄土）を表す建築・庭園及び考古学的遺跡群　13　富士山―信仰の対象と芸術の源泉　14　富岡製糸場と絹産業遺産　15　明治日本の産業革命遺産　製鉄・製鋼、造船、石炭産業　16　ル・コルビュジエの建築作品―近代建築への顕著な貢献　17　「神宿る島」宗像・沖ノ島と関連遺産群　18　長崎と天草地方の潜伏キリシタン関連遺産　19　百舌鳥・古市古墳群―古代日本の墳墓群　20　北海道・北東北の縄文遺跡群

また**「美しい家並みの町」「歴史の風情を残す町」「レトロな町並み」**といったくくりで紹介されている町や地域が全国に数多く存在し、観光旅行のルートに組み込まれています。例を挙げれば、奈良県の今井町（橿原市）、岐阜県の岩村町（恵那市）でしょう。ともに電線の地中化を行なっていて、街並みの美しさが際立ち、昔からの風情がそのまま残っています。

歴史を残すエリアといえば、奈良や鎌倉などを抑えて、やはり京都の人気が高いことは、全国に「小京都」と呼ばれる地方都市が数多くあることが如実に表しています。代表的なのは、１９８５年に結成された団体「全国京都会議」が加盟を承認した市町で、角館「みちのくの小京都」、加茂「越後（北越）の小京都」、高梁「備中の小京都」など41カ所の加盟があります（２０２０年2月現在）。これ以外でも、以前加盟していた弘前、金沢、高山、竹原、那賀川など、小京都を観光のＰＲに使っている市町があり、京都の人気は不動であることを感じます。

このほかにも、史跡名勝天然記念物（３３８０件）、登録記念物（１２０件）、重要文化的景観（70件）があり、有形の観光資源は全国各地に散らばっているといえます（件数はいずれも２０２１年3月現在）。

2. 無形

一方、無形の文化財ではやはり**各地の祭り**が大きな牽引力を持っています。ゴールデンウィークに、毎年２００万人以上の人を集める「博多どんたく港まつり」など勇壮なものから、「越中八尾おわら風の盆」（富山）のように幽玄なものまで、こちらも全国各地にさまざまな祭りが伝わっており、大きな観光資源となっています。京都の「葵祭」も多くの観光客が訪れる祭りですが、こちらはその性格上、「祇園祭」「時代祭」と共に京都の三大祭りといわれ、年中行事といっても良いと思います。

人間国宝には、芸能分野と工芸技術分野がありますが、芸能分野は東京を中心とした都市部に活動範囲が集中しているため、観光資源とするには少しハードルが高いかもしれません。

それでも、たとえば日本最古の芝居小屋「旧金毘羅大芝居」（金丸座）の「四国こんぴら歌舞伎大芝居」には、二代目中村吉右衛門、四代目坂田藤十郎、十五代目片岡仁左衛門など人間国宝が参加、観光客の集客に一役買っています。ほかにも人気役者が出演し、毎回多くの観光客が訪れていますし、九州山鹿の八千代座もその建築とともに有名です。

また工芸技術分野では、人間国宝の作品が観光資源となっているケースがあります。たとえば、毎年G・Wに100万人が来場する「有田陶器市」などはその一例です。2018年4月には、約2万坪の敷地内に、有田焼専門店22軒を連ね、ホテルやカフェ・レストラン、800台収容の駐車場を備えた「アリタセラ(Arita Serà)」がオープン、有田焼卸団地協同組合の運営で、さらに陶器市を盛り上げています。

祇園祭　宵山

おわら風の盆

②人工的なもの

人工的なものの中には、この項の**有形文化財**や、次項（2）「**観光施設**」も兼ねているものもあります。具体的には、美術館、博物館、水族館、動物園・サファリパーク、博覧会・展示会会場、遊園地・テーマパークです。

美術館や博物館は東京が突出していますが、そんな中でも、「金沢21世紀美術館」や「足立美術館」（島根）、「ベネッセアートサイト直島」（香川）は地方館でも人気が高く、観光資源と呼べるものです。２０２１年開館50周年を迎えた足立美術館は4月1日に、昭和期に活躍した美食家、陶芸家の北大路魯山人の作品約４００点を所蔵した「魯山人館」をオープン、さらなる集客に乗り出しました。

東北地方の公立美術館では、青森県立美術館がここ10年ほど来館数1位、外国人来館数も飛び抜けて1位となっています。これは、常設作家である奈良美智が、展覧会開催などで海外での人気が高まっていることが要因の一つと思われます。

２０１８年の紅白歌合戦で人気歌手が現場中継地としたことから、一気に来館数が増加した「大塚国際美術館」（徳島）は特異な例ですが、こうした千載一遇をいかに活かせるか、地元の観光力が問われるところです。

水族館（国内約38館）では「沖縄美ら海水族館」が不動の人気を誇り、動物園（約34園）では

「恩賜上野動物園」を抑え「旭山動物園」（北海道）や「アドベンチャーワールド」（和歌山）が人気です。

旭山動物園は、映画化もされました。奇跡の復活を遂げただけに、そこから学ぶべきものが多くあるかと思います。例えば、スタッフの手作りによる説明などの展示や、動物の動作実演など、他では見られないものでしょう。

旭山動物園　ホッキョクグマの行動展示

博覧会や展示会は会場の広さや設備、近くの宿泊施設のキャパシティが重要となるため、こちらも地方では厳しいものがありますが、朱鷺メッセ新潟コンベンションセンターでは、学会やカンファレンス以外に、美術展覧会や佐渡金銀山世界遺産登録推進県民会議なども開催しています。

遊園地・テーマパークでは、1926（大正15）年オープン、1965（昭和40）年には世界初の「流れるプール」を設置した「としまえん」が、残念なことに2020年8月末をもって営業を終了し話題になりました。少子化などによる入場者数の減少や老朽化問題もあり、ピーク時の1992年には390万人だった入場者数が、2019年には112万人まで減少しました。こうした問題はほかの遊園地でも起きており、今後の展開が気になりますが、としまえんは、やがて、ハリーポッターをテーマとしたテーマパークに衣替えすると発表されています。

社会の変化に伴い、客層や来訪者の求めるものが大きく変わってきていることも、人工的な観光資源を考える上では重要なポイントとなっていることがわかります。

遊園地から発展したテーマパークについては、「TDL（東京ディズニーリゾート）」が他に大きく水を開け、2位の「USJ（ユニバーサルスタジオジャパン）」とでツートップといった様相を呈しています。大人層へのアピールで年間来場者数を200万人以上に増やした「サンリオピューロランド」や、てこ入れで復活した「ハウステンボス」などもありますが、規模感が全く違い、ツートップという状況は今後も変わらないでしょう。

（2）観光施設

観光地の第2の要素である観光施設は、観光に際し人がそこで活動し、休んだり寝たり、何より楽しむために必要不可欠なもので、ホテルや旅館、民宿、ペンションといった宿泊施設に加え、休憩所、脱衣所、トイレ、土産物店など、旅行者が観光行動をするのに伴って必要になるものです。

宿泊施設について最近の話題から説明してみましょう。インバウンドの増加や東京オリンピック開催もあり、**国内では海外の高級ホテル建設ラッシュ**が続きました。2019年11月には、世界各地で展開する高級リゾートホテル「アマン京都」が開業しています。

この傾向は続いており、2020年1月24日には、インターコンチネンタルホテルズグループが、ブティックホテル（BH）ブランド「ホテルインディゴ箱根強羅」を開業、またマリオット・インターナショナルも最高級グレードの「東京エディション虎ノ門」を6月に開業し、超高級のリッツ・カールトンが日光に（コロナ騒ぎで）少し遅れましたが7月にオープンしています。さらにマリオット・インターナショナル系列のBHの「Wホテル」が2021年3月に大阪で開業しました。リッツ・カールトン以外は、いずれも日本初進出となります。

こうした高級化の一方で、国内ブランドでは、高級宿泊施設を展開してきた星野リゾートが、これまでより低価格のブランド「OMO（おも）」を2018年に旭川市で新たに展開。第2号の豊島区大塚（同年）に続き、2021年秋の開業に向けて京都祇園でも開発中です。さらに2020年6月には、1泊2818円のユースホステル「OMO3＊東京川崎」（＊数字はサービス内容の幅、ちなみに旭川は7、大塚は5）を開業し、国内外の旅行客の幅広い取り込みをしようとしています。

こうしたニュースが一般紙でも取り上げられるほど注目を浴びていることからも、**観光客にとっての、宿泊施設の重要性**が感じられます。

ホテルの開業ラッシュにより都会では供給過多が心配される一方で、地方では、インバウンドの増加に宿泊面で対応できず、せっかくのチャンスを逃してしまったケースも少なくありません。そんな中で海外からのスキー客を中心にインバウンドを増やしたニセコなどは成功したケースといえます。

同様にスキー客が多い草津では、海外で増えてきたベジタリアンやビーガン（完全菜食主義者）、ハラール（イスラム法で合法なもの）などへの対応をいち早く取り入れました。こうした食事面での対応が多様な国々からの受け入れに重要な要素となってきています。

宿泊と食事の双方に関しては、１９５４年にフランスで発足した「**ルレ・エ・シャトー**」も取り上げておきたいと思います。「ルレ」は、日本の本陣のようなもので、パリに向かう街道沿いに点在し、かつて、王侯貴族が宿泊した建物です。一流のホテルとレストランで構成される世界的な会員組織で、**日本では11のホテルと8つのレストランがメンバー**となっています。世界的な組織なだけに、これからの大きな目標である富裕層のインバウンド需要に大きな訴求力があると言えるでしょう。２０２１年６月現在のメンバーは次の通りです。

〈**ホテル**〉

1.あさば（伊豆 修善寺） 2.要庵 西富家（京都） 3.神戸北野ホテル 4.強羅花壇 5.ジ・ウザテラス ビーチクラブヴィラズ（沖縄） 6.天空の森（南きりしま温泉） 7.扉温泉明神館（松本） 8.西村屋本館（城崎温泉） 9.別邸仙寿庵（谷川温泉） 10.べにや無何有（山代温泉） 11.忘れの里 雅

叙苑（妙見温泉）

〈レストラン〉

1.オテル・ドゥ・ミクニ（東京）　2.オトワレストラン（宇都宮）　3.柏屋（大阪）　4.日本料理 銭屋（金沢）　5.ドミニク・ブシェ・トーキョー（東京）　6.ヒカリヤ ニシ（松本）　7.ラ・ベカス（大阪）　8.レストラン モリエール（札幌）　9.レフェルヴェソンス（東京）

以上見たように、概して高級志向（高付加価値志向）が大きな流れとなっていることは、これからのインバウンドや地域振興を考えるうえで、示唆に富んでいると思われます。

インバウンドが急激に増えたことで発生した施設問題には、**広義のアメニティの問題**があります。例えば、目的地の観光スポットまで徒歩で行くとしたら、途中の道路は整備されているほうが快適です。ほかにもトイレや峠のお茶屋的なちょっとした休憩所があれば、多少時間がかかっても、それをマイナスとは感じないでしょう。

こうした対策は一朝一夕でできるものではありませんが、少しずつでも進めて早めに講じる必要があります。詳細は第3章【4】で改めて述べますが、ここでは、**中尊寺の例**を挙げておきます。

岩手県平泉町にある中尊寺は、各分野にわたる文化遺産が良好な形で残っていて、平安仏教美術の宝庫としての評価も高く、２０１１（平成23）年には、中尊寺を含む「平泉の文化遺産」が世界文化遺産に登録されることになり、多くの観光客が訪れるようになりました。

実は、世界文化遺産登録に向けて、岩手県では、平成19年度から26年度までの長きにわたる「**平泉の文化遺産**」活用推進アクションプランを策定しました。中尊寺でもそれに則り、平泉駅から中尊寺に向かう参道沿いの住民に協力を得て訪問者が休憩できるような工夫をこらしたのです。

もともと中尊寺は観光地以前に信仰の対象でもありましたから、近隣の人々も訪れる場所であり、街灯や道の整備などさまざまな施設が整うことは地元にとっても有益でした。**平泉は、観光施設を整えることが地域の環境整備にもつながった良い例**です。

(3) 人的サービス(人間力)

人的サービスに関しては、(1)(2)でも述べたように、資源を運用・活用、保護するのは人間であり、すべてがこの人間力に集約されます。具体的には、企画者、ガイド、通訳、実行スタッフなどです。

心ときめくものと旅行者に利便な施設に加えて、そこに旅行者に共感できる人がいたら、どんなに素晴らしいことでしょう。観光資源を運用・活用する人間が、このような気持ちをどの程度もって旅行者を迎えることができるかが人間力です。単なる知識だけでなく、思いやり、配慮、説得力など全人格的なものが必要と言えます。

しかしながら、それでなくても人材不足に悩む地方ではなかなか確保が難しく、かけられる予算にも限りがあります。そこで、ボランティアガイドや通訳ボランティアといったスタッフ、さらに**は直接関係のない住民の対応やおもてなしのこころといったものへの、地域ぐるみでの取り組みが**重要なカギとなります。

【2】三要素＋「アクセス」＝「観光産業」

本書では、ここまで説明してきた三要素が揃っている場所を「**観光地**」と**定義**します。また「**観光地へ行って余暇活動を行なうこと**」を「**観光**」と呼ぶことにします。つまり、初めに目的となる観光地があるのです。

そして、「観光」には、①**自分で裁量できる時間と資金があること**、②**強制されないこと**、③**心ときめくこと**、**が必要不可欠**であることを確認したうえで、話を先に進めます。

「観光地」に不可欠であるとした**三要素「観光資源」「施設」「人的サービス」**、これに「**アクセス」を加えたものが**、「**観光産業**」です。

別な視点から捉えると、観光資源を求めて「運送（アクセス）」「宿泊」「その他（飲食、人的サービス）」で構成されるものが「観光旅行」ということができます。

このように観光産業は、多くのコンポーネント（構成要素）から成り立ち、各分野にまたがることから、大きな波及効果を生む産業でもあります。ですから観光産業の成功は、観光産業以外のさまざまな産業にも良い結果をもたらします。つまり**観光産業は総合的な産業**なのです。

このことがよく理解されていない、と筆者は考えています。

温泉などの名所があり、旅館やホテルが立派なだけでは、「観光地」は成立していないのです。当地への多様なアクセスが整備されていなければ、またきちんとした接客がなければ、お客は旅行を楽しむことができません。そういう「観光地」は一時良い時があっても、やがてさびれていきます。当然「観光産業」は衰退します。

筆者はそういう例を多数見てきました。繰り返しますが、「観光地」は「資源」「施設」「人的サービス」「アクセス」のすべてが充実していることが不可欠なのです。このことを強調しておきたいと思います。逆に言えば、**この四つの指標を見ることにより、その「観光地」の実力を知ることができます**。

具体的に例を挙げて分析してみましょう。

【3】「資源」「施設」「人的サービス」「アクセス」の四指標で「観光地」を診断

日本国内には、さまざまなタイプの観光地があります。古くから観光地として栄えたところ、あるきっかけがあって新しく観光地としての人気が高まったところ、地域の活性化を目的に観光地をめざしたところ、などなど。

そして、新旧を問わず、成功したところもあれば失敗に終わったところもあります。

それぞれの観光地がなぜ成功し、失敗したのか？

個々の理由を掘り下げていけば、自ずと観光地として発展するにはどうすればいいのか、新しく観光地をめざすときに気をつける点はなにかが見えてきます。

そこで、いくつかの実例をあげて検証してみたいと思います。

観光産業に必要な四要素は、**①観光資源、②観光施設、③人的サービス（人間力）、④アクセス**でした（2章49頁の図を参照してください）。

そこで、要素を満たしているときは◎、ほぼ満たしている〇、満たしているとはいえない△、ほぼ満たしていない×として、**8地域**を取り上げてみたいと思います。

まずは一覧からご覧ください。

1.熱　海　①観光資源△→○　②施設◎　③人間力×→○　④アクセス◎
2.いわき　①観光資源△→◎　②施設△→○　③人間力×→◎　④アクセス○
3.夕　張　①観光資源×→△　②施設○　③人間力×→△　④アクセス×
4.稲　取　①観光資源△→○　②施設○　③人間力△→◎　④アクセス○
5.長　浜　①観光資源△→◎　②施設△→○　③人間力△→◎　④アクセス△→○
6.伊　勢　①観光資源○→◎　②施設△→○　③人間力△→◎　④アクセス○
7.谷根千　①観光資源△→○　②施設○　③人間力○→◎　④アクセス◎
8.高山村（信州）　①観光資源△→○　②施設△→○　③人間力○　④アクセス△

各地域のレーダーチャートは、四つの要素のプロモーション活動による変化を示しています。

各々の地域について、観光学の立場からみた解説をご覧ください。

1.　熱海（温泉地）①と③を改善し成功

『伊豆風土記』（713年）に開湯伝説があるほど、古くから湯治場「阿多美」として知られてきたこの地。現在の「熱海」という呼称が定着したのは江戸時代でした。

徳川家康が湯治に訪れ（熱海駅前には現在、かけ流し足湯施設「家康の湯」がある）、3代将軍家光は湯治用の「御殿」を建造、４代家綱以降は、熱海の温泉を「御汲湯」と称して江戸城まで運ばせるなど、「将軍家御用達」の特別な温泉地として認知されていました。

一帯が天領（幕府直轄地）だった熱海村は、明治維新後公有地となり、大正天皇の療養を目的とした「熱海御用邸」が建てられました。

明治30年から尾崎紅葉が読売新聞に連載した『金色夜叉』が人気となるにつれて熱海の知名度が高くなり、訪れる人も増えました。小説の中に出てくる「お宮の松」は、現在の「聖地巡礼」のルーツといっていいかもしれません。

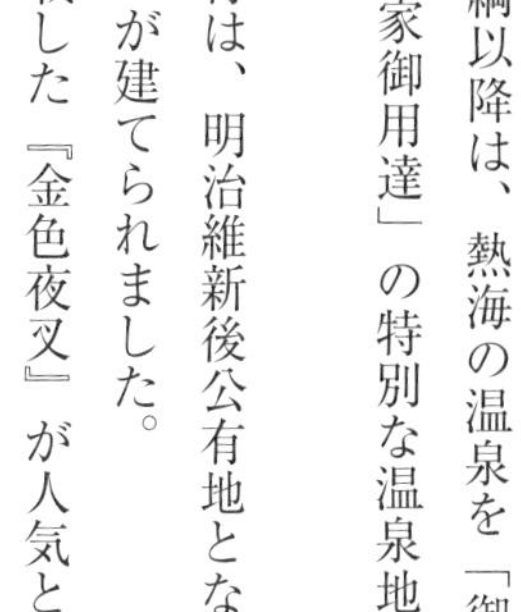

戦後、特別都市計画法の実施によって財政負担が大きくなることを阻止しようとした政府に危機感を抱いた全国各地の都市が国会に働きかけ、「特別都市建設法」が制定されました。熱海もその都市の一つで、１９５０（昭和25）年に「熱海国際観光温泉文化都市建設法」が制定されます。同じ時期同様の「国際観光温泉文化都市建設法」が制定された中には、伊東市や別府市もありました。

こうした時期を経て、湯治が主流だった熱海が観光地へと大きく舵を切ったのは昭和30年代に入ってからのことでした。戦後の復興期、庶民のささやかな楽しみだった温泉への小旅行は、日本経済が復興していく中、わずかながらではありましたが労働時間が短縮し収入が増えたことで、**職場のレクリエーション旅行**や**慰安旅行**など大人数で出かける様態も出てくるようになったのです。

一方で、**新婚旅行先**に温泉が選ばれるようになったのもこの頃でした。

「一生に一度」の新婚旅行をいまだ十分とは言えない日常生活を忘れて、ささやかながら豪華に過ごしたいという人々の欲求にこたえたのが温泉地なのでした。個々の温泉（温泉宿）が「温泉地」として、そうした需要への受け入れ体制を整えたことが大きな要因です。

新婚旅行の関東圏の受け皿として発展したのが熱海でした。増えたとはいえ、新婚旅行は季節なら春秋、そして大安吉日などに集中し、何より、2人だけですから、ビジネスターゲットとしては小規模でした。

また、職場の慰安旅行は、1970年代になると、社員対象の旅行以外に、取引先を招待する「褒賞旅行」（インセンティブ）や、昼に会議をして夜は宴会という「研修会旅行」も増え始めました。ちなみに、経営の神様と言われた松下幸之助が1964年7月に、販売店を対象に、熱海の「ニューフジヤホテル」で行なった研修旅行がその先駆けと言われています。全国の販売店が集まるので、会議室も客室も規模の大きなものが必要でした。

これをきっかけとして、**大宴会場や浴場を備えた大きなホテル**が次々と建設されるようになり、いわゆる「**法人需要**」の取り込みが図られるようになっていったのです。

800畳敷の大宴会場を備え2000人収容可能の「熱海富士屋ホテル」を筆頭に、「来宮ホテル」（舞台付き200畳の大広間）「アタミ観光ホテル」（団体客300人収容可）「赤尾ホテル」など、大きなホテルが次々開業しました。宿泊以外にも、料理代、酒代、芸者の花代、土産品など付帯的な売り上げも大きく、借金をして建てても回収できるビジネスモデルが出来上がっていきました。

しかし、**バブルが崩壊**し、スケールメリットでビジネスを展開したツケが回ってきます。社会の変化に伴って、社員旅行という慣習が廃れたことも拍車をかけ、大旅館の倒産が続き、土産物屋なども店をたたみ、ゴーストタウンさらながらの様相を呈しました。歓楽街があることから、若い女性や家族連れへのアピールが難しく、時代の流れに乗れないまま、**衰退の一途**を辿っていきました。

熱海海岸から中心部を望む

観光協会や住民、芸妓組合も参加し、再生に取り組み始めたのは2011（平成23）年ごろからでした。まず、倒産した小規模な宿を別荘として貸し出したり、夏場以外の集客のため1952（昭和27）年から続く**海上花火大会**を年10回開催したり、**メッセージ花火**（見学者がスポンサーとなり1万円を支払って、花火の打ち上げに際し、メッセージを読んでもらう仕組み。若者が〝告白〟するのにも利用されている）や**観覧クルーズ**など新しいアイデアも取り入れたりしました。

そして、それらの情報を多様なやり方で発信するだけでなく、テレビ局などのマスメディアの取材を全面的にサポートする専任の職員をアサインしたことが特筆されます。これによってテレビ局などの取材が徐々に増え、それに伴って若者など、それまで熱海を「年寄りのための温泉地」と思っていた層に強くアピールするようになり、**新しい客層を開拓**したのでした。

さらに、2008年に公布された「観光圏整備法」により広まった「観光圏」を湯河原、箱根と形成、2012年には、静岡県の熱海温泉と、神奈川県の湯河原温泉が**共同でキャンペーン**を行なうまでになりました。訪問者にとって行政区画はあまり意味がありません。あくまで**旅行者の目線でプロモーションを行なう**ことが重要であることを教えています。

もともと熱海は、施設が整っており、新幹線なら東京駅から47分（乗車券1980円、自由席特急券1760円）、東海道本線を使えば運賃だけの1980円で2時間以内、小田急を利用すれば1670円と交通の便も◎です。

近年は、新しいターゲットとして誘致を進めてきた若い女性客や家族連れの宿泊客も増え、見事に再生しました。

熱海の復活は、①**ターゲットを若者など新しい客層にも向けたこと**
②**それに沿ったキャンペーンを継続的に実施したこと**
③**メディアなど他の力を借り、それらを徹底的にサポートしたこと**

につきますが、何よりも住民の「地域を再生させたい」という気持ちが強く働いていたことが大きいといえます。

2. いわき（旧・炭鉱）三要素を改善し成功

観光にさまざまな影響を及ぼした昭和30年代のもう一つのトピックスが、それまでの石炭から石油へのエネルギー転換でした。最盛期には８００以上あった炭鉱は閉山を余儀なくされ、それまでの隆盛を誇った炭鉱町は衰退の一途を辿ることになります。

そんな中、福島県富岡町から茨城県日立市にまで広がる大規模な常磐炭田の、最後の炭鉱が閉鎖する前に、驚きの変身を遂げたのが、常磐炭礦㈱（１９７０年に常磐興産㈱に社名変更）でした。

常磐炭礦は早くから石炭産業に見切りをつけていました。そして、炭鉱にとって悩みの種だった近くのいわき湯本温泉から坑内に流れ込んできていた高温の温泉に目をつけ、これを利用できないかと考えたのです。

その際に、ヒントとなったのが、その後の「ヘルスセンター旋風」を巻き起こす発端となった総合レジャー施設「船橋ヘルスセンター」（１９５５年開業、１９７７年閉園）でした。この施設を運営していた朝日土地興業㈱は、１９６０年に、京成電鉄や三井不動産との合弁会社「オリエンタルランド㈱」に加わります。１９８０年にはディズニーランドをオープンさ

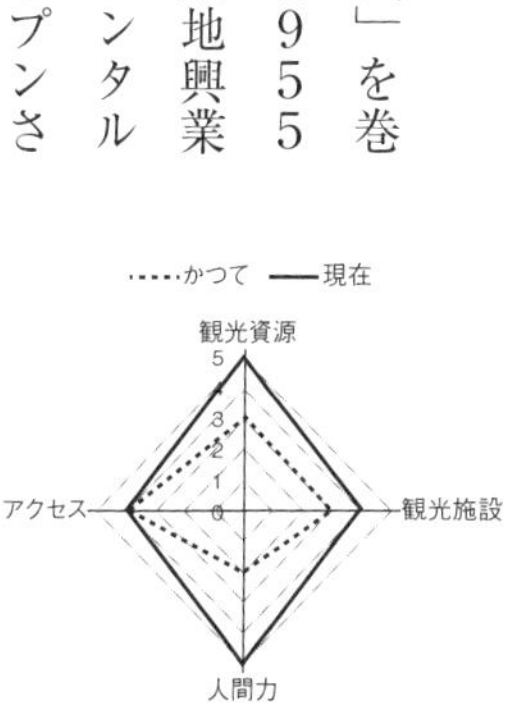

せるオリエンタルランドですが、当初は独自のレジャーランド「オリエンタルランド」の開業に向けて設立された会社でした。ちなみに朝日土地興業は、1970年三井不動産に吸収合併され、「ららぽーと」や「三井アウトレットパーク」「COREDO」など商業施設の運営に携わっていきます。

話を戻しましょう。

船橋ヘルスセンターをお手本にするとはいえ、二番煎じでは大きな飛躍は望めないと考えた常磐炭礦は、何か付加価値をつけようと模索します。

そこでキーワードとなったのが、一般庶民には高嶺の花だったハワイのイメージでした。1962（昭和37）年、海外旅行が自由化される前々年、テレビでは「トリスを飲んでHawaiiへ行こう！」という寿屋（現・サントリーホールディングス）のCMが話題となり、この年の流行語にもなったように、ハワイはまさに憧れの場所だったのです。

そこで、施設には南国ハワイのイメージを大きく取り入れることがコンセプトとなり、名称も「常磐ハワイアンセンター」としました。手垢がついた「ヘルスセンター」より「ハワイアンセンター」という名称は、当時の日本人にとって、新鮮で、夢があふれるものだったに違いありません。

開業に向けて、まず1964年に常磐湯本温泉観光㈱（1970年磐城興産㈱に吸収合併）を設立、1966年1月に、地下湧水の温泉を利用した大型温水プールを備えた大型レジャー施設「常磐ハワイアンセンター」をオープンさせました。当時の入場料は400円、アロハやムームーは

300円でした。

大きな目玉となったのが、ハワイをイメージした**フラダンスショー**でした。ダンサーは外部から呼ぶのではなく、炭鉱従事者の家族などの教育施設「常磐音楽舞踊学院」を設立して、専属ダンサーの育成をはかりました。

また炭鉱従事者自身も希望者は施設で働くようになり、結果、約500人の直接雇用を確保することができました。最初は戸惑うことも多かったようですが、その後、ダンシングチーム「常磐ハワイアンセンター」として一丸となって奮闘する姿は、蒼井優が主演し2006年公開の映画『フラガール』で描かれ、話題となりました。

オープン翌年には、南国情緒をパワーアップすべく、熱帯植物園「バナナ園」や大型露天風呂「ナイヤガラ」を増設します。これも功を奏し、首都圏からの観光客が数多く足を運びました。1973年には入場者数が1000万人に達しました。

常磐ハワイアンセンターが地域振興として成功した大きな理由の一つに、近隣の宿泊施設への配慮も挙げられます。先ほどのいわき湯本温泉にはすでに何軒もの旅館があり、計画時から、宿泊客を奪われるのではないかという心配の声が上がっていたのです。そこで、初期には宿泊施設を併設せず、集客数が伸びて、近隣の宿がキャパオーバーになってから宿泊施設を建て、既存の施設とwin-winの関係を築いていったのです。

1990（平成2）年には、「**スパリゾートハワイアンズ**」に改称、屋外施設「スプリングパー

スパリゾートハワイアンズ内部

ク」を開業します。さらに、東京からの無料直行バスを開設するなど集客にも斬新なアイデアを採用しました。施設面でも、１９９７年の世界最大の浴槽面積を誇る露天風呂「江戸情話 与市」を皮切りに、滞在型施設「ウィルポート」（１９９９年）、屋外施設「スパガーデン パレオ」（２００１年）、新テーマ型プールゾーン「Wai Wai OHANA」（２００７年）、複合型商業施設「ALOHA TOWN」（２００７年）と次々新規開業、その間の、２００６年2月には累計入場数が５０００万人に達しました。

　しかし、順風満帆と思われた当施設を、**東日本大震災と東京電力福島第一原子力発電所の事故**が襲います。休業を余儀なくされた際には、ダンシングチームによる「**全国きずなキャラバン**」を組み、宣伝活動や風評被害の払拭につとめました。ダンシングチームが観光庁長官賞を受賞したことは、大きな励みになりました。マスコミにも大きく取り上げられ、その宣伝効果も大きなものとなりました。

　そして、受賞した年の10月に一部営業を再開、翌年の2月には、新ホテル「モノリスタワー」の開業とともにグランドオープン、見事な復活を遂げました。
近隣に新しい建物もオープンし、地域全体が活性化したのです。

２０００年　アクアマリンふくしまオープン
２００８年　いわき芸術文化交流館アリオス（旧平市民会館＋いわき市音楽館）オープン
２０１１年　ハワイ州カウアイ郡と姉妹都市締結
２０１５年　上野東京ライン開業で、常磐線の特急列車が品川駅乗り入れ。東京までダイレクトアクセス可能になり、交通の便も良くなりました。

いわきの成功の原因は、１にも２にも**人間力**です。地元の人の熱い思いが訪れる人たちにひしひしと伝わってくるような気がします。

3. 夕張（旧・炭鉱）財政破綻＝失敗

いわき市と同様、炭鉱の閉山という危機に直面して、まったく違う経緯をたどったのが**北海道夕張市**でした。空知地方にある日本有数の良質な石炭を産出する炭鉱と知られ、北海道炭礦汽船（北炭）や三菱鉱業などが採掘していました。北炭は道内でも名門企業であり、盛時は「北炭の社員は泣く子も黙る」と言われたほどでした。

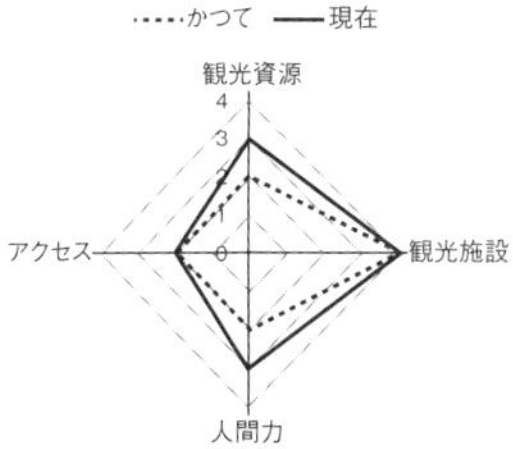

時代の趨勢により全国の炭鉱が次々閉山する中、幾度かの事故の後、１９８１年に北炭夕張炭鉱でガス突出・爆発事故が起き、坑内に作業者を残したまま注水を開始、93人の死者を出す大惨事となりました。１９９０年には最後の三菱南大夕張炭鉱が閉山し、夕張は炭鉱町としての歴史に終止符を打ちました。夕張市の人口は、ピーク時の11万６９０８人から、１９７５年には5万人を切り、閉山時はさらにその半分にまで減少しました。

『幸せの黄色いハンカチ』のロケ地

またもともとは炭鉱採掘のために山間に人工的に作られた町だったため、平地が少なく、農業への大々的な転換ができにくいというデメリットがありました。それでも、寒暖の差が大きいことを利用した、糖度の高い良質な「**夕張メロン**」の開発に成功、全国的にその名が知られるようになりました。とはいえ、市民全体を扶養することは到底無理でした。

そんな中、１９７９年に市長に当選した中田鉄治氏は、企画室長時代から打ち出していた「観光産業への転換による経済の維持」をスローガンに掲げ、「夕張市石炭博物館」（１９８０年開館）、「石炭の歴史村」（83年）、「ロボット大科学館」（88年）など、10の観光施設を次々開設していきました。

また、1977年公開の大ヒット映画『**幸せの黄色いハンカチ**』（山田洋次監督）のラストシーンの背景となった五軒長屋を記念資料館「幸福を希うやかた」とし、文化的な観光の目玉としました。1990年には、88、89年、竹下登政権下で地域振興を目的とし、全国3000町の市町村に一律1億円が交付された「ふるさと創生事業」を活用し「ゆうばり国際冒険・ファンタスティック映画祭」（2000年に「**ゆうばり国際ファンタスティック映画祭**」に改名）を創設しました。これは、イベントとして高い評価を受け、日本ファッション協会生活文化賞を受賞するなど話題をさらいました。外国からの参加もあり、1998年には、パリで行なわれた「国際都市活性化会議」で特別功労賞を受賞するなど、夕張の地域振興施策の中では成功したものとみることができます。2006年に市が財政再建団体になることを表明して市が主体の映画祭がなくなった後も、民間団体による「夕張応援映画祭」として継続して開かれているのは特筆に値します。市民主導による夕張再生の象徴としてよいでしょう。

一方で、夕張市と市が出資した第三セクターで改修したスキー場を買収したデベロッパーが、1991年にホテルや天然温泉「レースイの湯」も備えたリゾート「**マウントレースイ スキー場**」として再開業します。移設されたJR夕張駅のすぐ近くまで施設ができ、観光客数拡大を狙いました。

さらに、「**夕張鹿鳴館**」（旧北海道炭礦汽船の迎賓館で昭和天皇もお泊りになられた「鹿ノ谷倶楽部」）を1994年から一般公開、1999年にはNHK連続テレビ小説『すずらん』のロケ地ともなり、注目を集めました（2006年11月閉鎖、07年4月再開、08年10月閉鎖、11年5月「オーベルジュ夕山荘」、レストラン「ミレディ」を付設し、新施設として再開業。同年10月国の登録有形文化財に登録。17年10月、中国資本の元大夕張リゾートが買収し一般公開再開するも、問題が起き、現在休館中）。

このように、観光施設を増やし、施設の従業員とすることで炭鉱離職者の雇用を確保し、人口流出を食い止めようとしたところまでは、いわきと同じような道筋をたどっており、**総論的には間違っていない**と思われます。

しかし、その後バブルがはじけ、観光客が次第に減少したことで、多くの施設への初期投資にかかわる借入金の返済が滞るようになりました。利払いのために借金を重ねるという悪循環に陥り、2007年にはついに財政再建団体に指定されてしまいます。

観光施設は確かに充実しました。アクセスも夕張駅の移設というプラス面がありました。人気映画やドラマのロケ地となり、映画祭など文化的な材料もありました。それなのに、なぜ財政再建団体になってしまったのかといえば、その**原因はバブル崩壊だけではありません**。

夕張市の面積は東京23区がすっぽり入るほど広くその9割は林野です。また坂道が多いのも特徴で、**観光施設が分散**していることもあり、自由に歩き回れないこともあって、その魅力を十分伝えられないことも欠点でした。

観光資源も石炭関連の類似したものもありバラバラに存在しているだけで、**有機的に結びつけるためのマーケティング不足**が挙げられます。そして**それを担う人材、観光業のプロがいなかった**ことも大きく影響したと言えます。そして、多くが行政のトップダウンで進められたことで、市民が十分にその内容を理解していなかったことも、持続できなかった要因です。

２０１１年に、埼玉県出身で、元都庁職員だった鈴木直道市長が誕生したことで（２０１９年～北海道知事）、再生への道を歩き始めたところです。

この年の10月には、道東自動車道が夕張から占冠（シムカップ）まで開通、夕張ＩＣの近くに「道の駅夕張メロード」がオープンするなど、明るい話題もありました。

２０１９年３月31日には、ＪＲ北海道石勝線支線の新夕張駅・夕張駅間が廃線になりました。これについては、前鈴木市長が早めにバス転換を決断し、路線バス20年分の維持費等として、ＪＲ北海道から７億５０００万円の供出金を得ています。これらは、「外の人」である前市長が市政に入ってきたことで、変化を遂げた良い例といえるでしょう。

２０２１年３月31日現在で、人口７３０２人にまで落ち込んだ夕張市の未来がどうなるか、鈴木市長の後を継いだ厚谷司新市長の手腕が問われるところです。

夕張の失敗は、**観光のことを理解していない人たちが願望だけを優先して無理に進めたプロジェクトであった**ことによると言えましょう。

4. 稲取（温泉地）人間力で成功しつつある

観光資源として人気を誇る温泉も、全国に温泉地が約3000カ所もあれば、過当競争になるのは必然のことです。静岡県東伊豆町の稲取温泉も、そうした温泉の一つでした。この温泉が位置するのは、伊豆半島の中部東海岸で、他にも、網代、伊東、北川、熱川、今井浜、下田など有名な温泉が目白押しの場所です。海岸といっても砂浜ではないので海水浴客も望めず温泉以外の観光資源も、初春に行なわれている「**雛のつるし祭り**」、国内外から見物客が訪れる奇祭「**どんつく祭**」（2018年が最後）ぐらいで、通年のものはありません。

そこで、観光協会は、2007年に「なけなし」の予算を計上、年俸700万円、住宅付きの好条件で**事務局長を全国から公募**することにしました。1281通の応募の中から選ばれたのは、京丹後市などで観光による町おこしの実績のあった渡邊法子氏でした。

渡邊新事務局長は、まず、①**地域住民の意識**を目覚めさせること、②**地域の魅力の再発見**とそれらの情報を**広く発信**すること、③来訪者が地域の魅力を「**楽しめるような仕掛け**を作ること、**できることから実施**すること」を3本柱としました。そして、「**こらっしぇ**（「**いらっしゃい**」**の意**）**稲取大作戦**」を打ち出し、「歴史ロマン」「情報戦略」「癒し満喫」「事業開発」「楽しみ感動」と具体

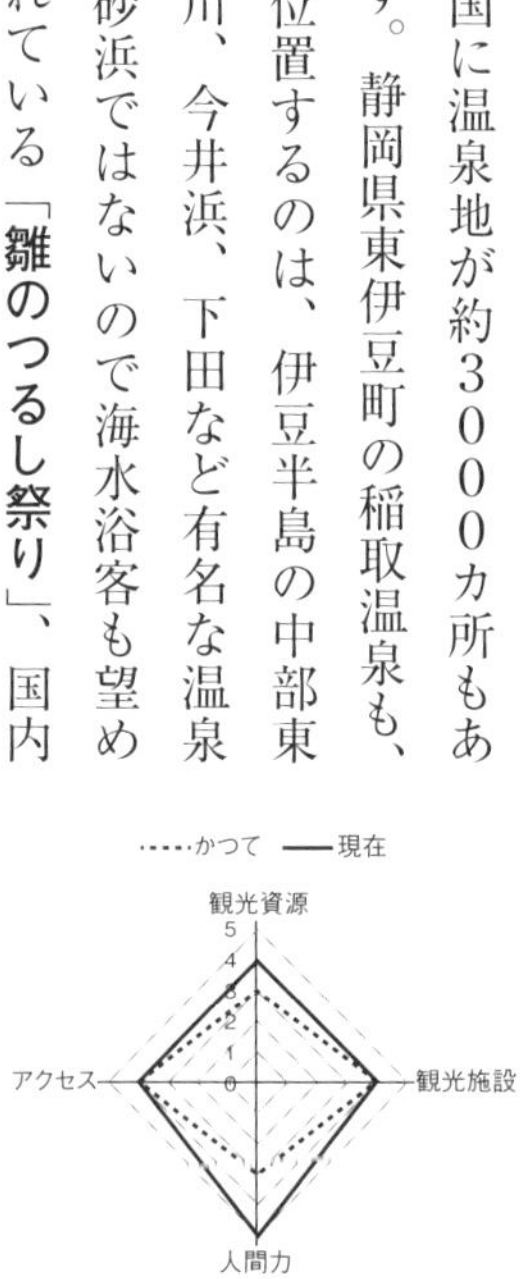

稲取温泉の着地型小旅行の一覧（主要なもののみ）

タイトル	販売価格(円)	所要時間	備考
カーネーション畑へ行ってみよう	500	1時間	
稲取タウンライド体験	6,800	2時間	細野高原まで車で移動。MTB講習後タウンライド
ダイビング	12,000	3時間	
シイタケづくりお手伝い農業体験	2,000	2時間	お土産付き
磯釣り	2,000	2時間	初心者でもＯＫ。釣り名人がアドヴァイス
ラクチン海釣り	5,000	3時間	
空中体験	6,300	1時間半	パラグライダーによる空中散歩
ミカン狩り	400	制限なし	
おもしろ屋号歴史街歩き	1,000	応相談	
かやの寺名物住職の地獄極楽図法話と7難厄落とし	500	2時間	
稲取の母ちゃんとぼっこじょうつくり	3,500	3時間	わらじ作りを通して稲取の生活文化を体験する
雛のつるし飾り制作	1,000	3時間	
ところてん作り	1,000	50分	
手作りハーブ	1,200～	1時間程度	ハーブ園入園料別途500円

的なテーマを掲げ、実現をめざしました。

①への対策としては観光事業者以外の地域ボランティアを募集、老若男女40数人が参加しました。さらに、②、③の実現のため、「**あるものさがし　みがいて発信総合プロジェクト**」を立ち上げ、個人、家族、外国人の観光客に向けた現地申し込みの小旅行、いわゆる「**着地型旅行商品**」を27種類作りました。その一覧は表のとおりです（主要なもののみ）。

折しも2008年制定された「観光圏整備法」の特例の対象になることから、これらの

稲取情報誌『ウェイラ』

着地型小旅行を実施するための「合同会社稲取温泉観光合同会社」（ISK：Inatori Spa Kankou）を設立、旅行業者としての登録も済ませ、HPや新情報誌『ウェイラ』で情報発信も行ないました。

結果、小旅行はその年の夏休み期間中だけで650人の集客がありました。

観光学的見地からすると、渡邊氏が実践したことは、当時、国が推し進めようとしていた観光立国の理念に沿ったものでした。そして、**これらの小旅行によって宿泊場所から観光客を町中に向かわせる**ことで、町のさまざまな住人がかかわることにもつながりました。何よりも地域住民を目覚めさせたことには大きな意義がありました。女性では初であったことで、テレビなどマスコミで取り上げられ、PR効果も生み出しました。

しかしながら、自分たちの施設での売上を増やしたい各旅館・宿泊施設からしてみれば、利害が一致しないこの方向性に異を唱えるところもあったと思われます。そんな状況下で断行できたのは、やはり彼女が「外の人」であったこと、女性であったことが大きく作用したと思います。事実、「おめぇが女じゃなかったら、とっくにいらねぇよ～！」と言われたと、あるインタビューで答えています。

就任1年後には、次年度への新たな抱負として、①**教育旅行**（修学旅行や臨海学校など）の誘致、②**インバウンド**（特に中国語圏）対応の充実、③**さらなる商品開発**（体験型や地場産品のPRにつながるもの）を打ち出しました。

そうした活動が評価され、2007年に第4回エコツーリズム大賞特別賞を受賞、2009年には内閣府地域活性化伝道師、観光庁エコツーリズム推進アドバイザーに就任しました。

最終的には、契約期間を1年延長し、2010年2月に事務局長を退任しました。同年5月には、京丹後市観光協会の事務局長に就任（2011年3月退任）、同年4月からは、ISK代表として再び稲取の地域観光に携わっています。

最近では旅行会社（JTB）が主催する「**稲取細野高原星空観賞会**」が、静岡デスティネーションキャンペーン（2019年、2018年はプレキャンペーン、2020年はアフターキャンペーンと位置づけ）の一環として開催され、話題となりました。

ちなみに、観光協会の責任者を外部から公募することは、1993年、由布院ですでに実施されており、就任した元都庁職員の米田誠治氏は2010年まで勤め、退任後は観光庁中核人材育成事業に係る検討委員会委員などに就任しました。

観光責任者の公募は稲取町以降増え、小樽市、立山市、橋本市（和歌山）、近年では牧之原市（静岡）、魚沼市、丹波篠山市などでも実施されています。こうした動きがあちらこちらで見られたことからも、稲取ケースは観光による地域振興の在り方に一石を投じたといってよいでしょう。

稲取の成功は、

①地域振興には観光業という複雑な構造を持つ産業のプロが絶対に必要なこと

②地域振興には、地域住民の人間力が不可欠であること

を教えてくれています。

5. 長浜（歴史的な古い町）観光資源と人間力を最大限に活かして成功

歴史ある町がその最初の役目を終えた後に、歴史的建造物や家並みなどを観光資源とし活気を取り戻した場所には、小樽市や門司港レトロ、奈良県橿原市の今井町、岐阜県恵那市の岩村町、角館（秋田県）、秋月（福岡県）、松代（長野県）、川越（埼玉県）、武生（福井県）、豊後高田（大分県）、備中高梁（岡山県）、妻籠と馬籠（長野県）などがあります。

なかでも今井町、岩村町は、その街並みの美しさを町を挙げて保存し、訪れる人にタイムスリップしたかの感じを与えている点で特筆されましょう。

２０１０年に近隣5町を編入する以前の滋賀県長浜市、つまり**長浜市中心市街**も、歴史的にも重要な地で、古くから名の知られた町でした。

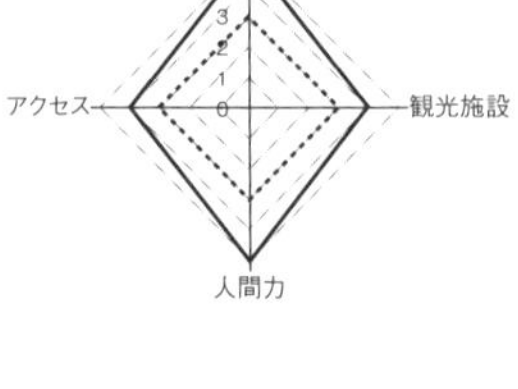

琵琶湖北東部に位置し、もともとは今濱と呼ばれていたのを、豊臣秀吉が築城し町を整備するに及んで、改めたものです。それまでも北国街道の通り道であり、琵琶湖水運の要衝の地であることに加え、蚊帳やちりめんなどの特産品もあり栄えていました。羽柴（豊臣）秀吉が、主君である織田信長の政策「楽市」を実践したことから、商業がさらに発展し町は繁栄しました。これにより富と自信を得た町人は、「町衆」として共同体を組織・運営するようになります。京都祇園祭、飛騨高山祭とともに「日本三大山車祭り」の一角をなす「**長浜曳山まつり**」は、この時代に始まったものです。

他にも歴史ある町にふさわしく、1069年に京都の岩清水八幡宮を分祀勧請したといわれ、秀吉が復興した「**長浜八幡宮**」、真宗大谷派の別院で「**長浜御坊**」と呼ばれる「**大通寺**」、秀吉が長浜城築城の際小谷城から移し鬼門を護らせたと伝わる、秀吉の木像が納められている「**知善院**」、安藤家など古い町並みの残る北国街道があります。明治時代の建築物で、現在は「**黒壁スクエア**」として観光名所となっている旧第百三十国立銀行長浜支店、現存する日本最古の駅舎「**長浜駅舎**」などもあります。

また、自然観光資源としては、古来信仰の対象とされ、能の演目に名を連ね、国の名勝および史跡に指定されている**竹生島**があります。

このように、歴史的、文化的背景のある長浜でしたが、経済的には同じ琵琶湖北東部で東海道沿いの彦根市に水をあけられていました。1970年代に入ると、郊外に新市街地が広がっていった結果、旧市街の商店街は衰退、シャッター通りの様相を強めていきました。さらに、1979年には、アメリカのスーパーマーケットのビジネス手法を取り入れた大型店が郊外への出店を申請、住民の危機感は一気に高まりました。

そこで、1982（昭和57）年、「ながはま21住民会議」が発足、町の現状の問題を討議することになりました。結果、「町の魅力は文化・歴史にある」との共通認識を得て、それらを生かして**地域の歴史・伝統を見直すことで、町を活性化**できないか模索しました。

その実現には、①自然環境との共生、調和を図ること、②訪れるものの目を意識した町づくり、③訪れるものとの交流を大切にすることが重要であると確認しました。

手始めに、市制40周年となる翌1983（昭和58）年、町のシンボルとして、江戸時代に廃城となり、わずかな石垣と井戸だけしか残っていなかった長浜城を、安土桃山時代の城郭を模して400年ぶりに復元、「**長浜城歴史博物館**」として開館しました。この再建の費用は総額41億3000万円にのぼりましたが、すべて市民の寄付によってまかなわれました。

同じ年の春には、長浜城が秀吉の出世城であったことにちなみ「**長浜出世まつり**」が始まります。そのベースにあるのは市民の秀吉への憧憬であり、前述の「町衆文化」でした。「豊公園」や国民宿舎「豊公荘」の名前からも、秀吉への思いが伝わります。

そして、この町衆文化を再認識し、地域の振興にあたったことが成功のカギとなり、やがて「**博物館都市構想**」（1984年）となって結実します。「伝統を現代に生かし美しく住む」「先人の情熱や英知に学び、進取の気性を継承する」をキーワードに、以下の2つの要点が提示されました。

①従来の都市計画策定の方法にとらわれず、**住民の声に広く耳を傾ける。**

②長浜の文化と歴史を活かして**町全体を博物館のようにする。**

観光政策「町の風景を文化として公共が支える」という理念に基づいたもので、同年、「魅力ある商店街づくり事業」を創設しました。

1886年の明治天皇の行幸に合わせ、実業家の浅見又蔵が私財を投じ建設した迎賓館「慶雲館」の改修を、翌年行ないます。

1986年からは街並み整備に着手、大通寺と大通寺通り（現「ながはま御坊表参道」）の各商店のファサード（正面）を白壁で統一感を持たせ、セットバックしてできた空間を歩道とし、石畳を配し、大通寺の視界を遮っていたアーケードを撤去、商店街のイメージを歴史的な空間へと一新しました。

1987年には、観光物産センター「お花館観光物産センター」、そして当時の長浜市近郊に**「国友鉄砲の里資料館」**がオープンします。長浜城の西方に位置する国友村（現国友町）は、泉州堺と並んで鉄砲鍛冶が多く居住していました。この鉄砲鍛冶たちを徳川家康が取り込んだことで、関ヶ原の戦いで軍事的に優位となり、それが勝敗を左右したとも言われています。「国友鉄砲の里資料館」には、鉄砲に関する資料が数多く、それまであまり知られていなかった長浜の新しい魅力の発掘にもつながりました。明智光秀が主人公の2020年のNHK大河ドラマ『麒麟がくる』

（第5回）にも、そうした国友村の姿が登場しています。

翌1988年4月11日には、その後、長浜の観光の目玉をつくりだすまちづくり組織「㈱黒壁」が設立されます。黒壁は、1987年に、それまで「黒壁銀行」と称され市民に親しまれていた先述の第百三十国立銀行が解体されることが決まった際、8名の有志が立ち上がり民間企業と長浜市に募った出資総額1億3000万円（市：4000万円、民間企業8社9000万円）で設立された第三セクターの会社で、建物を買い取り、商店街活性化の道を模索します。

このとき中心となって活躍したのが、のちに黒壁の歴代社長に就任する長谷定雄氏（初代社長）、笹原司朗氏（1999〜2015）、高橋征之氏（2015〜2020）、進晴彦（2020〜現在）で、それぞれ㈱長谷ビル、琵琶湖倉庫㈱、高橋金属㈱という職種の違う地元企業の要職にあった人々です。

そして、新しい事業としてそれまでの長浜とは何の関係もないガラス事業が浮上、6月の小樽、広島視察後、これをメイン事業とすることに決定しました。それは、長浜人の進取の気質と、当初の「町の魅力は文化・歴史にある」という理念に合致した利用法を探した結果でした。さらに国際性を加味するために、11月には、ヨーロッパでの視察と買付のために渡航するなど、スピード感をもってこれにあたりました。

また、まったく新しい事業であることから伝統的な地場産業を圧迫することがなく、郊外に続々進出してきた中央大型資本の大規模小売店とも競合することがないという利点がありました。

黒壁スクエア

さらに、大手ガラスメーカーを除いては、ガラス作家は個人で活動していることに着目し、作家を育て、国内初のガラスの本場を目指そうという目標を立てました。第3セクターという性格から大きな利益を得る必要がなかったことから、そうした発想も浮かんだのです。

1989年7月、直営の黒壁1號館「黒壁ガラス館」と2號館「スタジオクロカベ」（「黒壁ガラススタジオ」）、3號館「ビストロミュルノワール」を備えた「**黒壁スクエア**」がオープン、商店街は復活の兆しをみせ、それまで人通りの少なかった商店街には9万8000人もの人が足を運びました（来街者数＝黒壁ガラス館入館者数）。その後も、北国街道の整備を進め、周辺の古建築等不動産を買い上げ改修するなど、歴史的景観を増やしていきました。

また、そうしたハード面だけではなく、「芸術版楽市楽座」（現アートインナガハマ）や「黒壁ガラス大学」開講など、さまざまな**ユニークなイベント**を絡めたことで、PR効果も高まり、注目を集め、1994年には、超人気映画シリーズ『男はつらいよ』のロケ地に選ばれました。1996年のNHK大河ドラマが『秀吉』と決まった際には、それに合わせて「北近江秀吉博覧会」を開催、積極的にマスコミを活用するようになります。この博覧会では、新たにパビリオンをつくるのではなく、大通寺や長浜城、旧映画館や商家の建物を利用し、「博物館である」町全体を回遊させるようにしたことで、財政負担を軽くするとともに（これはキャンペーンをする際にとても重要なことで、このようなやり方は、奈良県が行なった「平城遷都１３００年祭」にも取り入れられています）大きな成果が生まれたのです。

長浜市と㈱黒壁、そしてその後に設立されていった組織は、その後も町づくりのための新しい施策を次々に打ち出し、実現していき、持続可能な観光地の成功例となりました。地元の人材が地域住民を動かし、積極的に参加させ、行政との連携が取れたことが成功の鍵となったのです。そして「北近江秀吉博覧会」のプロデュースを、「外の人」である金沢在住の出島二郎氏に任せたことも、成功の一端となったことを付け加えておきます。

長浜の成功は、まさに「**地元住民の地域愛と熱意のたまもの**」といっても過言ではありません。

6. 伊勢（門前町）熱意で人を動かし、成功しつつある

中世末以降、神社仏閣の前に「門前町」が形成されました。訪れる参詣者や社寺の関係者を対象として商売をする商工業者が集まりできた門前町は、江戸時代に参詣目的の旅行者が増えるにつれて発達していきます。

特に発達したのが、伊勢神宮の門前町です。江戸時代には庶民の移動は厳しく制限されていたものの、伊勢神宮参詣に関しては特例として認められていたことが、全国から人々が訪れる大きな動機になったのです。

現在の伊勢市は、元々内宮周辺の宇治と外宮周辺の山田から成り立っており**「宇治山田」**と称していました。この名称は近畿日本鉄道の駅名として残っています。また、１９３１年建築の駅舎は国の登録有形文化財や第1回「中部の駅百選」に選ばれています。

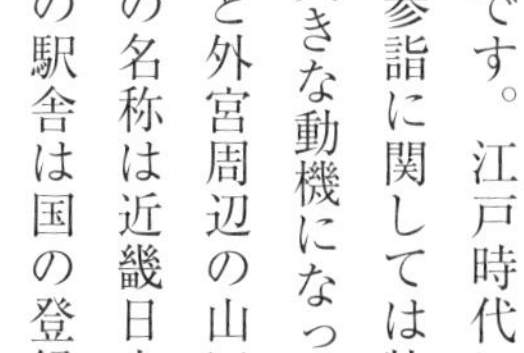

江戸時代、江戸幕府が伊勢神宮の管理を目的とする山田奉行所を設置したことから、伊勢神宮が国家最高位の神社であるという認識が庶民にまで徹底し、参詣ではなく「参宮」という固有の言い方も固定化しました。当時は徒歩での移動でしたし、金銭面でも豊かではありませんでしたから、**寺社参詣は多くの人にとって一生に一度の大イベント**でした。

例えば、江戸から伊勢までは１１５里、片道約2週間かかり、容易に行けるところではありません。それでも、数日間宿泊をし、参宮にはゆっくり時間をかけ、参宮後には精進落としの遊興や近郊の見物も楽しんで、帰路につきました。

こうしたこともあり、18世紀には、伊勢神宮参宮の傾向が全国的に高まりました。山田奉行が１７１８（享保3）年に提出した報告書によると、同年正月から4月15日までの参宮者数は42万７５００人（参考文献『東海道の宿場と交通』渡辺和敏、静岡新聞社）にまでのぼったとあります。

1721（享保6）年の調査では、日本の人口は約2600万人とされていますから、実に1・6％の人々が訪れていたということになります。これは現在の日本の人口比で考えると200万人以上になります。また平均宿泊数を3泊と考えると、1日1万2000人が門前町や周辺に宿泊していたことになり、伊勢神宮の門前町の規模の大きさがわかります。

しかし、集団参宮の「おかげ参り」で数百万人規模のものが三度にわたってあったものの、18世紀後半以降は、伊勢神宮の参宮者の数は横ばいないしは減少傾向となっていきました。これは、京都や大阪、高野山など参拝する寺社の選択の幅が広がったことが大きな要因と考えられます。明治時代になり国内の移動が自由になって以降は、他の社寺も含め次第に参詣よりもそれ以外の観光が主目的となり、**参詣は旅行に出かけるための名目**になっていったのです。

現代に入ってからも、東海道新幹線開通直後の1965（昭和40）年に同様な傾向がみられました。

東京から伊勢に行くのには、新幹線の開通以前は、20時頃に東京駅を出る夜行の急行列車「伊勢」で約10時間かかりました。それが、新幹線開通後は、名古屋駅まで新幹線を使い、近鉄特急に乗り継げば、約5時間前後とほぼ半分の時間に短縮されました。

これにより東京から**日帰りで伊勢神宮の参拝ができる**ようになりました。また、夜行列車を使っていたときは疲れた体を休めたいと伊勢市や近郊に宿泊していた人々が、参宮後に京都や奈良など次の観光地目的地へ移動する余裕が生まれたことで、**宿泊客が減ってしまった**のです。

伊勢神宮の参宮客数が前年１９６４（昭和39）年の５５９万１０００人から５９７万９０００人と38万８０００人増加（前年比１０６・９％）したのに対し、宿泊人員数は27万５０００人から23万４０００人と、４万１０００人の大幅減少（前年比85・１％）になりました。

東海道新幹線の開業が１９６４（昭和39）年10月１日であったので、10月、11月、12月の３カ月分の影響もあり、その影響が参宮者数にはプラスに、宿泊者数にはマイナスに働いたと仮定すれば、参宮者数と宿泊者数の逆相関はさらに大きいといえます。１９６４年には伊勢志摩スカイライン開通もあり、こうした**交通手段による影響は他の観光地でも**起きています。

ただし、伊勢神宮には、20年ごとに内宮と外宮の正殿をはじめとする各社殿や装束神宝などすべてを新しくする「**式年遷宮**」と呼ばれる特別な行事があり、毎回他の年よりも多くの参宮者が訪れます。

新幹線開通後、最初の式年遷宮が行なわれた１９７３（昭和48）年には、前年６２０万３０００人から８５９万人と、前年比＋38・５％と大きな伸びを見せました。しかしこのときも、宿泊者数は28万７８８７人から36万５３４５人と前年比＋26・９％にとどまりました。

ちなみに、２０１３（平成25）年に行なわれた第62回には、数年間８００万人前後で推移していた参宮者数が、マスコミが多く取り上げたこともあり１４２０万人と、過去最高数になりました。

新幹線や高速道路という交通システムの利便性向上によって、日帰り客が増えたなか、内宮鳥居前の「**おはらい町**」は、宿泊者数の減少により旅館の不振ひいては廃業をもたらし、旅館の宿泊客に依存していた各店舗も閉鎖を余儀なくされ、さらには他の地域産業にも打撃を与えました。

ここで奮起したのが、全国的にもファンの多い和菓子店の老舗「赤福」の濱田益嗣社長でした。住民有志とともに1979（昭和54）年8月に「内宮門前町再開発委員会」を結成、9月には「おはらい町再構想計画書」を発行、**伊勢の伝統的な町並みの再生**が始まりました。

伊勢のおはらい町

その後も、市に要望書を送り嘆願するなどし、これに呼応した伊勢市が調査を開始、1989（平成元）年には「伊勢市まちなみ保全条例」を制定、「伊勢市まちなみ保全事業基金」を創設しました。さらに、市のみならず、三重県も協力し、電線の地中化や路面の石畳化などが進められ、約10年で江戸時代の町並みがよみがえりました。

石畳化の工事が終了した1993（平成5）年は第61回の式年遷宮の年でもあり、赤福は7月に江戸時代から明治期の建物を移築するなどして、**三重の味や名産品を扱う商店街「おかげ横丁」**を開業します。

翌1994（平成6）年にはおかげ横丁の入場者は200万人を超え、2003（平成15）年には320万人と300万台に、2008（平成20）年には401万人と400万台になりました。

町並みの保全事業は、2009（平成21）年10月1日、「伊勢市景観計画」に引き継がれ、市が中心となってまちづくり運動を続けています。

「おかげ横丁」では2006年から、昔から伝わる風習やお祭り、郷土芸能などを住民の語りで紹介する『**暮らしのぞき箱アーカイブ**』を開始、従業員がおかげ横丁の的確な説明ができるように「おかげ講習」を開催、郷土芸能などのイベントを開催しています。営業時間が9時30分から17時30分と早朝や夜間の魅力が乏しいことを補う努力が実り、2017（平成19）年の入場者数は572万人に増えています。

伊勢参宮という長い時間を要しない行動が、交通の発達によって地域にマイナス変化をもたらしたのですが、それを克服するため地域に新しい付加価値を作り上げて挽回したのが「内宮おはらい町街並み保全計画」とそれに伴う住民の運動だったのです。

伊勢から学ぶべきことは、2つあると思います。

①交通の高速化が、必ずしも地域の振興をもたらすとは限らないこと

②地域は訪問者がそこに宿泊してくれるようにするためにいろいろな「仕掛け」を作ることが必要なこと

です。

7. 谷根千（大都会の中のレトロ）外国人も認めた日本のよさで成功

歴史的な町並みを観光資源とした例としてはすでに長浜市を挙げましたが、ここでは大都会にも残っているものとして東京の例である「谷根千」を紹介します。谷根千とは**「谷中」「根津」「千駄木」の３地区**をさし、関東大震災、第二次世界大戦の戦災を免れ、大きな都市開発もなかったことで、古い町並みや風情が残った地区です。

根津の**染物屋丁子屋**（老朽化により２０１４年に建て替え）や、鷗外、漱石などの文豪が愛した場所千駄木にある旧安田楠雄邸庭園などはランドマークとなる建物でした。また、建物のほうは戦後すぐ再建したものですが、寺に預けてあった古い看板がシンボルの創業１９００年の和菓子屋、谷中の岡埜栄泉もそのひとつといっていいでしょう。

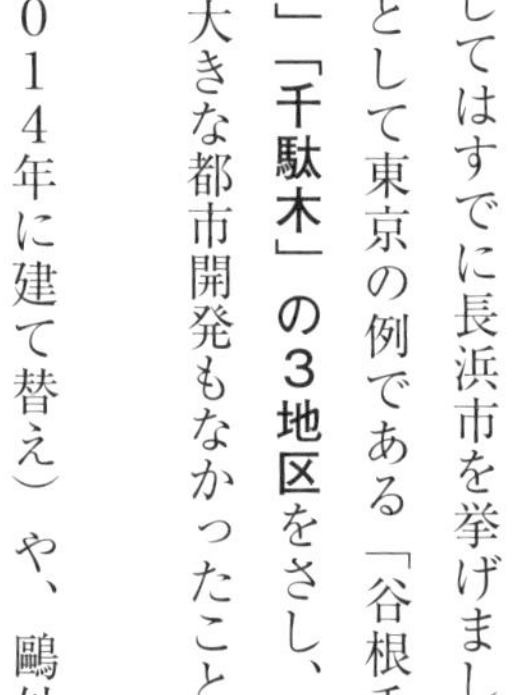

そうした古き良き時代を彷彿とさせる場所で、**奇跡の復活を遂げた１軒の小さな旅館のエピソード**があります。谷中の根津神社近くにある客室数12室の「**澤の屋**」です。

澤の屋は、先代の澤ヨシ氏が１９４９（昭和24）年に８室で開業した日本旅館で、戦後復興期でもあり開業直後から賑わっていました。その後、修学旅行生など団体客に合わせて増築、最盛期には24室になりました。銀行員だった現在の館主澤功氏が婿養子となったのは、そんな大繁盛していた頃、東京オリンピック開催の年の1964（昭和39）年のことでした。

しかし、1970（昭和45）年の大阪万博開催後あたりからビジネスホテルの登場や、宿泊客が個室を好むようになったこともあり、徐々に宿泊客が減少していきました。風呂やトイレが共同の昔ながらの日本旅館は敬遠されるようになったのです。1972（昭和47）年には近くにあった都電の路線が廃止となり、交通の不便さからビジネス客も減っていきました。

この年、ヨシ氏が亡くなられ、功氏が名実相伴う館主となりますが、なかなか対応策は見つかりませんでした。1982（昭和57）年の夏には、とうとう3日続けて宿泊客がゼロの事態になってしまい、このままでは廃業も覚悟というところまで追い込まれます。

そんなときに氏が思い出したのが、新宿にあった同業者の矢島旅館からの外国のお客様を受けれたらいいのでは、という1年ほど前のアドバイスでした。そこで、夫婦で矢島旅館に見学に行ったところ、多くの外国人客で

根津にある染物屋丁子屋

賑わっていて、大変驚いたそうです。しかも、部屋数は12室、そのうちバストイレ付の部屋は2室と、澤の屋と同じだったのです。そこで澤の屋でも**外国人客を受け入れることを決意**し、早速、外国人客を積極的に受け入れている**小規模旅館の団体「ＪＩＧ（Japanese Inn Group）」に加盟**しました。

ＪＩＧは、１９７９（昭和54）年に数軒の旅館でスタートした、訪日外国人を積極的に受け入れることを目的とした組織です。澤の屋が加盟した頃には、すでに海外１０００カ所に年間14万部のパンフレットを配布していました。それに掲載されたことに加え、旅行ガイドブックで世界一のシェアを誇る「ロンリープラネット」に掲載されたことで、初年は年間２３０名だった外国人宿泊数が、翌１９８３年には一気に３０００名と10倍以上になりました。

とはいっても、当初は和式トイレや日本式の風呂になじみのないことからトラブルがあったり、言葉の壁があったりと苦労もつきませんでした。それでも、背水の陣でのぞんでいたことから、さまざまなことを「受け入れる」精神で乗り越えていきました。元々は朝夕二食付だったのを、客からの要望から希望者のみ食事付にしたこともその一例です。

このとき、谷根千に下町気質が残っていたことで、周囲の店や寺社なども外国人客を快く受け入れてくれました。**新たに作られたものではなく、わざとらしくない、ありのままの日本人の日常生活に、外国人もときめきを感じたのです**。英文のメニューの作成や説明書きなどを制作し、功氏自ら銀行や郵便局、クリーニング店、病院などを記入した周辺地図も作成しました。また功氏が、以前から餅つきや豆まき、夏まつりといった町の年中行事に積極的に参加していたことも功を奏し、宿泊客も行事にすんなり参加できたことで、日本情緒を味わえる宿として認識されていきます。

こうした活動によって、功氏は1993（平成5）年にはJIGの会長に就任、2010（平成22）年には「観光カリスマ」に選任されました。

澤の屋の復活は、功氏の努力によるところが大きいのですが、やはり谷根千という特別な地区に立地し、周囲の理解ある人々の協力なしには実現できなかったでしょう。**地域全体での取り組みが重要**なのです。

谷根千は文京区と台東区にまたがっており、行政上同じようにいかないところもありますが、それを乗り越え、一つのエリアとして観光客に定着させることができたことは大いに評価すべきでしょう（熱海の項［80頁～］をもう一度、思い出してください）。

そして、谷根千の文化を守るのには、1984（昭和59）年に創刊された季刊の地域雑誌『谷中・根津・千駄木』も寄与しました。周辺の池之端、上野桜木、向丘、日暮里も含め、人、店、史跡、町並み、年中行事など、さまざまな「良きこと」を紹介し、それを目的に国内からも訪れる人が増え、**「谷根千」という名称**を根付かせました。これによって、町にフィットする新しい店もオープンするなど、ますます魅力的な町になっていったのです。

2018（平成30）年には、地元の朝日信用金庫が、（一財）民間都市開発推進機構と共同で、国土交通省が推進するマネジメント型まちづくりファンド支援事業として、「谷根千まちづくりファンド」を設立しました。**古民家再生事業、街並み保存事業**が展開されることで谷根千の魅力は進化し続けることでしょう。この「**継続**」も大きな成功要素です。

澤の屋にはこれまで、90カ国以上、20万人近い外国人客が訪れており、その人気は衰えることがありません。澤の屋を訪れると外国語が身近に聞こえ、どこの国の人が来たかを示す地図が掲げられています。

澤の屋を核とする谷根千の成功は、**旧弊にとらわれない、新しいことへの積極果敢な挑戦と地域全体での取り組みの重要さ**を示しています。

8. 信州　高山村（温泉とリンゴ、ワインの山里）住民の意識が変われば成功する

これまでご紹介してきたように、多くの地域がおのおの知恵を絞って観光地として魅力を高めようと努力を重ねています。観光資源が似通っている地域では、まずはこうした前例に倣って、自分たちができることから始めてもよいでしょう。たとえ失敗したとしても何かを学べるはずですし、それによって人材も育ちます。

さて、この項の最後では、筆者が実際に手がけた事例のひとつである**長野県高山村**の観光振興地域活性化事業の一環として行なった観光振興の例をご紹介します。これは村からの委託であり、澤渡　観光・地域振興研究所とし

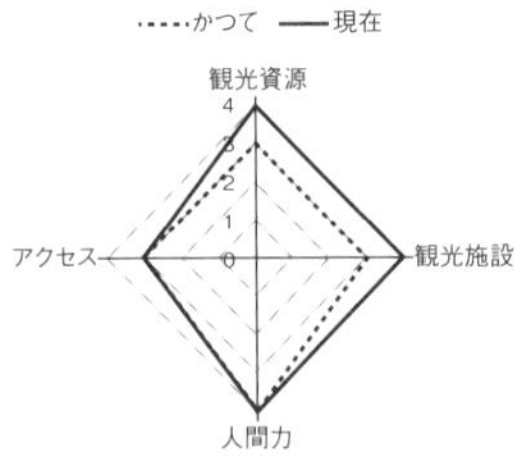

て受託したものです。

最初の段階として、この本で紹介した内容に沿って、まず観光地を構成する「観光資源」「観光施設」「人的資源」についての調査を行ない、高山村にすでに存在しているもの、欠けているもの、すぐになすべきこと、中長期的に必要となる事柄を浮き彫りにすることから始めました。

その結果、以下の優位性と弱点が見えてきました。

(1)優位性

①「日本で最も美しい村連合」に加盟できるほどの豊かな自然、風景、日本の原風景(滝、温泉、星ふる里、桜、蛍)があり、静かなまちなみや看板のない道路など、都会からの観光客にとって、癒しとなる要素が多くある

②原風景の中でも、信州高山温泉郷の8つの温泉(山田牧場・奥山田温泉、七味温泉、五色温泉、松川渓谷温泉、山田温泉、蕨温泉、子安温泉、YOU游ランド)は、湯めぐり、一軒宿、にごり湯など変化に富んでいる

③ワイン(「高山村ワインぶどう研究会」が中心となって活動)、生ハム、りんご、ぶどう、多彩な野菜といったまだ知られていない名産品がある

④ハイキングに適した初心者向けのトレッキングコースが豊富である

⑵ 弱点

①鉄道、バスの乗り継ぎなどのアクセスの悪さ
②観光資源が点在しており、これを結び付ける手段がないと、現状のままでは観光スポットの相乗効果が期待しにくい（同じく広い地域に観光資源が点在する夕張に状況が似ている）
③エンタテインメント、特に外国人客向けの夕食後のエンタテインメント不足
④名物料理と呼べるものがない

また、ここで挙げた優位性を広く知らしめる発信力、弱点を優位性に変える企画力、今以上の来訪者、特に外国人客が来たときのサービス力など、人材面で足りない部分があることがわかりました。

一方で、実際に来訪したことのある人の声を聞いてみると、温泉を目的にしている人が多く、高山村に好印象を持ち、リピーターも多かったのです。情報源は知人や友人による口コミの割合が多く、滞在日数は日帰りと1泊で61・5％を占めました。

こうして細かく分析していくと、弱点の問題点が明確化し、それらへの具体的な対応策が見えてきます。

①の**アクセス**については、公共交通機関に関しては村の一存ではどうにもならないことが多いので、近隣の自治体と一緒に関係機関に根強く訴えていくことが必要です。

②については、**村や観光協会が独自でバスを運行するなどの対策**が望まれます。

週末だけでも、点在しているスポットを、車がなくても回れる方策を提案することが必要です。なお、2020年秋から電動自転車を貸し出して回ってもらおうという「eバイク」の試乗を行なっており、若年層のとりこみが期待されています。同時に、規制緩和によって新たにできた「地域限定旅行業者」の規定を活用することによって、村内の点在する観光資源を結び付け、さらに近隣の須坂市、小布施町、山ノ内町のスポットもとりいれた、旅行者にとってより魅力的な内容の地域限定募集型企画旅行を企画実施することを提案しました。これがいわゆる「着地型小旅行」といわれるものなのです（稲取の項［90頁〜］も参照）。

③については、**集落ごとに残っている伝統的な文化や行事**を見直すことから始めてみてはと提案しました。今あるものを活用して都会にないものを体験してもらうという視点です。最近多く聞かれるようになった「マイクロツーリズム」でも原点はこういうところにあるのです。

④の食文化については、あまり知られていないリンゴ、ワイン、ジビエなど**名産品の豊富さ**は強みです。名産品をもっとアピールするためにも、それらを使った料理やお菓子を名産品として売り出すことはよく使われている手法です。

人材に関しては、来訪者の「とても親切にしていただいた」というコメントが多くあり、個人ベースの親切さや温かさがあるので、それを**村全体の組織だった親切さと温かさに発展させていく**ことが重要となりました。

雷滝　裏見の滝

　また、この年、6月30日付「日経プラス１」の特集「裏から見る滝ランキング」で、高山村の**雷滝**が2位にランクされた後、問い合せが相当数に上った際にあらためて感じられたのですが、魅力ある観光資源をうまく紹介できていないという**マスコミへの訴求力と情報発信の不十分さ**が露呈しました。そこで観光マップの見直しや、時宜にあったテーマでの広報プロモーションなども提案しました。

　当時は、２０２０オリンピックで新たにスポーツクライミングが正式種目となり、四度のワールドカップ年間チャンピオンに野口啓代選手が輝き注目されていたのが**ボルダリング**でした。そのボルダリング用のクライミング・ウォールの製造を日本で唯一手がけている会社が高山村にあります。当該企業にも協賛してもらいボルタリングを村の新しいシンボルとし、２０１６年から続けている「ヒルクライム チャレンジ」に続きスポーツ関係者や愛好家へ働きかけることを提案しました。それによって、新しい来訪者獲得につながるのではないかとも考えられます。

　インバウンドに関しては、外国人の訪日観光関連事業会社で欧州市場総括マネージャーを務めるゲジル・マキシム氏を招き、実際に高山村を見てもらい、意見を伺いました。

たとえば、外国語対応ができるスタッフがいる施設をもっと情報発信すること、個人客への対応、観光地や標識、宿泊施設などの英語での説明や表示、タトゥー（刺青）への偏見、特に温泉に関しての偏見の払拭、宿泊施設内でのアフターディナーの日本文化（お点前体験、和楽器演奏、神楽上演など）の充実など細かいところまで意見交換を行ないました。

その後は、村民の研修やプレゼンテーション、村役場産業振興課長を中心に、観光協会、商工会の実質的責任者での「三者会議」で意見交換を定期的に実施するとともに「賑わいの場構想検討委員会」でも提案を行なってきました。

そして、２０１９（令和元）年には、若い女性層の獲得のための「温泉ビューティー ウエルネスセミナー」の実施や、製菓全般のコンサルトを手がけるクロスワンフォーティーンの運営責任者で、現在日光のリッツ・カールトンホテルパティシエの仁田脇秀光氏による村の名産品「**さわやかりんご**」を用いたスイーツの開発、特産品開発コンテストの実施、温泉街の対岸にある「**舞の道**」を散策しながら村内を巡るモデルコースの検討などを行ないました。

以前から人気のある**ワイン**に関しては、6月29日に実施された「辰巳琢郎会長と行くワイナリーツアー第一弾in高山村」で、村内の信州たかやまワイナリー、別圃場ワイナリー、カンティーナ・リエゾーをめぐるコースには、35人の参加者があり、改めて、ワイン人気を実感しましたが、これを踏まえて、以前から行なわれている村内イベントの「おごっそに乾杯！」などワイン関連イベントの内容改善と情報発信強化、すでに人気のある山田牧場エリアのさらなる観光資源化などについて話し合いを重ねました。

マスコミで散発的にとりあげられたこと、これらのさまざまな試行錯誤をきっかけとして最大限に効果を発揮するためにも、お客様にどのように来ていただくか、その集客方法にもさらに工夫が必要です。お客様が「行ってみたい」と思ったとき、「実現可能な手段がある」ことを提供するのも観光地の重要な役割であることを忘れてはならないでしょう。これからのキャンペーンには「単なる情報の提供」から実現可能な「**旅行の容易化**」を提供することが求められているのです。

この間の大きな成果としては、「舞の道」「雷滝」の英文付ガイドマニュアルの完成や、今後進める予定のモデルコースの企画運営に必要となる地域限定旅行業務取扱管理者の国家資格試験に関係者2名が合格したことが挙げられます。

まだ、村民一人ひとりが熱意と覚悟をもって一丸となってあたるというところまでは達していませんが、少しでも近づけるよう努力を重ねているところです。

【4】自分の「まち」の評価

【3】でさまざまな実例をご紹介してきたことでもわかるように、観光地としてステップアップするには、**自分たちの地域でできていること、できていないことは何なのかを知ること**が大切です。

そこで実践編として、下記の4項目のチェックシートで、自分たちの地域ができていること、できていないことをチェックしてみましょう。これによって、今後の指針が決まってきます。

それぞれの対策については、第3章で改めて述べます。

地域振興のためのチェックシート

１－１．あなたの地域に、自慢できるもの、外から訪れた人に見せたいもの、食べさせたいものはありますか？
（１）
（２）
（３）
（４）
（５）

１－２．あなたの地域に、持ち帰ってほしいお土産というべきものはありますか？
（１）
（２）
（３）

2. あなたの地域に、外から訪れた人をもてなすための施設（食事をとる場所、休憩施設、宿泊施設）はありますか？
（１）
（２）
（３）
（４）
（５）

３－１．あなたの地域に、外から訪れた人を案内する施設、頼まれれば案内をできる人はいますか？　外国人の場合、対応できる仕方が決まっていますか？
（１）
（２）
（３）

３－２．あなたの地域の人は、総じて親切だと思いますか？　もし、必ずしも親切とは言えない場合、どういうところが気になりますか？
（１）
（２）
（３）

３－３．あなたの地域の人達は、総じてまとまりやすいと思いますか？　それとも、個性を主張する人が多いですか？
（１）
（２）
（３）

４．あなたの地域に、外から訪れる場合、公共交通機関だけで行くことが出来ますか？　出来ない場合、それに代わる方法がありますか？　それで、１に挙げた自慢のものを見てもらうことが出来ますか？
（１）
（２）
（３）

【5】観光業は総合産業であり、経済効果も高い

先にも述べましたが、観光業はさまざまな業種が連携して、初めて成立・発展する総合産業です。この項では、初期投資が比較的少なく、広範囲にわたる波及効果が期待される**観光の経済効果の仕組み**を解説していきます。

観光地が活況すれば、他産業にも波及効果

ここでは、観光地と聞いて多くの人が思い浮かぶであろう京都と箱根を実例にとって説明していきます。

〈例〉Aコース：京都1泊2日旅行　（　）内は行動に伴う訪問者の支出

【1日目】各地↓新幹線など（交通費）↓京都駅↓バス↓銀閣寺（交通費・拝観料）↓バス↓嵐山（交通費・昼食代）、嵯峨野散策↓バス↓太秦映画村（交通費・入村料）↓バス↓祇園（交通費・喫茶甘味代）、京風旅館（宿泊料）

【2日目】旅館↓バス↓京都国立博物館見学（交通費・入館料）↓バス↓清水寺（交通費・拝観料）、

地主神社《じしゅ》（お賽銭、お守り・おみくじ代）、三年坂散策（清水焼・七味などお土産代）、河原町新京極散策→バス→京都駅→新幹線など→各地（交通費）

〈例〉Bコース：箱根温泉1泊2日旅行

【1日目】各地→新幹線など（交通費）→小田原→箱根登山鉄道→箱根湯本→宮ノ下、強羅、芦之湯など箱根七湯に宿泊（交通費・宿泊費）

【2日目】

宿泊地→彫刻の森（入場料）→強羅→ケーブルカー→早雲山→ロープウェイ（交通費）→大涌谷（喫茶代）→湖尻→芦ノ湖遊覧船（乗船代）→元箱根（昼食、土産代）→箱根関所資料館（入場料）→成川美術館（入場料）→小田原→新幹線など（交通費）→各地

町の発展のために観光関連のことがらを整備しましょうといっても、「どうせ、観光業の人たちだけが儲かるんでしょう」という方がいるかもしれません。

しかし、上記のコースにあるように、**観光業が潤うことで**、それ自体だけではなく、食事や、食品の土産物に使う材料を生産する農業や漁業、畜産業関係者なども一緒に潤うなどの**波及効果が生まれます**。土産物屋など新しい仕事先が増えれば、若い世代も地元での働き場所が見つかります。

新規雇用が増えれば、それらの人たちの生活のための住宅が必要になりますし、毎日の生活のた

めに必要な品物を売る店やスーパーマーケットなどの売り上げも増加します。

地元のバスやタクシーなどを使うコースを考えれば、それらの従事者の収入が増えます。そうした人が増えれば、市町村の税収もアップし、観光、そしてそれ以外のインフラなどにも予算がつき、良い循環が生まれるようになるのです。

経済産業省の産業連関表に基づく資料によると、**観光行動に伴いその地域で費やされる金額の約2倍の経済効果がある**とされます。つまり旅行者がその地域で1000万円費やすと、それによる経済効果は波及効果を含めると2000万円になってその地域を潤すことになるのです。

京都市では、2018年度、観光消費額1兆2367億円に対して波及効果は1兆3569億円で、この数字からも2倍になる経済効果を見て取ることができます。これに加えて、雇用を増やす効果や、自治体にもたらす法人税などの税収の増大などを考えれば、**観光が産業として持っている経済的な重要性が「モノづくり」産業にも引けを取らぬものであること**を理解することができましょう。

実際、2019年における日本の旅行消費額27兆9000億円は、名目GDP561兆2670億円の5%に相当し、政府はこれをさらに引き上げることを大きな目標としているのです。

次の第3章では、ここで挙げた問題へのそれぞれの対策について、詳しくご説明していきたいと思います。

第3章　こうすれば地方は活性化できる
――プロモーションの方法

ある「まち」が人気の「観光地」になるためには、まず足りないところを強化する必要があります。それには、どうしたらいいのか？　ここではさまざまな視点からの地域振興策を提案していきます。

【1】地域の魅力を再発見する

（1）外部の視点が必要

人気観光地になるには、何より観光客を引きつけるその地域特有の魅力がなければなりません。「そう言われても、うちには特に他に秀でる魅力はない」とは地元でよく聞かれる答えです。**そこ**

で生まれ育った人には「普通」のことが、外部の人間からすれば大きな魅力であり、外部の人間だからこその魅力を発見できることは、しばしばあります。これは第２章で、観光協会事務局長を外部から登用し成功した稲取温泉の例を引くなどしてお伝えしました。魅力を再発見するにはそうした外部の視点が必要なのです（あくまでも視点のはなしで、外注すればいいとか、外部から人を招聘すればいいということではありません）。

外部の評価に関しては、ＳＮＳが発達し、インバウンドが増加して以降は、特に外国人からの投稿や評価から、新しい人気観光地が誕生する例が少なくありません。

外国人に最も人気の高い観光地といえば、**京都の伏見稲荷**が有名です。赤い千本鳥居が続く参道は壮観で、外国人にはとりわけ神秘的に映るのではないでしょうか。これに影響を受けたのでしょうか、２０１５年にアメリカのＣＮＮテレビが「日本で最も美しい場所31」に選出した**元乃隅《もとのすみの》神社**（山口県長門市、元乃隅稲荷神社から２０１９年1月1日に改名）もそのひとつです。びっしりと並ぶ１２３本の朱塗りの鳥居、そして高台に建つ約６ｍの赤い大鳥居上部の世界一入れづらいといわれる賽銭箱などもあり、パワースポットとして人気が急上昇しました。

元乃隅神社は海に近く、赤い鳥居と青い海と空とのコントラストが美しく、インスタ映えすることから、ＪＲの最寄り駅からタクシーで約20分というアクセスの悪さにもかかわらず、近年外国からも多くの観光客が訪れるようになりました。

このような外国人による魅力の発見は、最近始まったことではなく、**法隆寺の救世観音像**（フェノロサ）、**松江の街並みと文化**（ラフカディオ・ハーン）、**近江八幡**（ヴォリーズ）など、鎖国をやめた明治以来枚挙に暇がありません。２０１９年2月24日に亡くなったドナルド・キーンは、母国アメリカで『源氏物語』に出会い、その魅力にとりつかれて戦後、京都大学大学院に学び、日本文化を中心に日本の魅力を海外に紹介し続けました。

平安朝文化は、日本人にとっては「教科書で習っただけ」のものでしかない、そこに登場する景勝地なども近くに住んでいれば「当たり前のもの」でしかないかもしれません。しかし、全く文化の違う外国に住む人にとっては、類を見ない魅力と映るのです。

近江八幡の堀割

外部の目といえば、１９９０年代に話題になったのが、多くのオーストラリア人が訪れるようになった北海道の**ニセコエリア**（倶知安町・ニセコ町）です。元々壮大なスケールのスキー場として有名だったものの、新千歳空港からのアクセスがあまりよくなかったこともあり、外国人観光客はそれほど多くありませんでした。

そんななか、カンタス航空が１９９２年10月からケアンズ＝札幌線を通年運航（１９９８年まで）したことで、北海道がプロモーションを開始、徐々にオーストラリア人の観光客が増え、口コミから雪質やロケーションの良さが広がり、圧倒的な数にまで増えるに至りました。日本と季節の反対の国の人々のニーズやケアンズという亜熱帯の人たちという外部の目が雪の魅力を再発見させたのでした。これらの事例が教えるところは、「**自分たちの常識は、他の地域や外国の人たちにとっては、少しもありふれたものではなく、魅力に富んだものである**」ということでしょう。

（2）受動から能動に

このニセコエリアの例をもう少し詳細に見ていくと、外国人観光客の受け入れ体制が、受動から能動に転じたことがわかります。

たとえば、オーストラリア人観光客は長期の休暇を取得した滞在型が多く、リピート率も高いことから、**倶知安町とニセコ町は地域一丸となって受け入れ体制を強化**していきました。具体的には、町民の英会話力を高めたり、小さな商店でも英語表記をしたりして、旅行客にとって快適な環境づくりにつとめました。その結果、観光客として訪れ、ニセコの魅力にとりつかれ、住民となったオーストラリア人まで現れるようになったのです。

この現象はオーストラリア人にとどまらず、その後は中国や東南アジアなどアジアからの観光客にも広まりました。倶知安町のオーストラリア人とアジア人の宿泊者人数は２０１３年には、14万3904人対9万7956人とオーストラリア人が圧倒的に多かったのが、翌14年には12万744人対12万1851人とアジアからの観光客が抜き、2018年には11万6164人対24万9444人と2倍以上になっています。

これは宿泊延べ人数で、オーストラリア人の滞在日数は1週間以上とアジア人の滞在日数に比べ格段に長いので、これを考慮すればアジア人の来訪者数は、オーストラリア人のそれをさらに上回っていることになります。

ちなみに倶知安町の外国人登録者数は、2009年には270人にすぎませんでしたが、2020年9月には1017人となっていることからも、この地域の外国人に対する人気のほどがうかがえます。

(3)「ときめき」が必要

それでは、オーストラリアにしろアジアにしろ、**多くの観光客の心を惹きつけたのは何なのでしょうか?**

それは「ときめき」です。

それまでオーストラリア人は、スキーといえばアルプスなどヨーロッパ圏で過ごしていました。しかしオーストラリアからヨーロッパまでは遠く、例えば、シドニーからロンドンまでは24時間もかかりますが、東京までは、直行便で10時間を下回り、半分以下の所要時間で来ることができますし、標高が高いアルプスは上級者でも難しいコースが多く、近年の温暖化で雪が少なく雪質が硬いという難点がありました。

オーストラリアの人々は、スキーの技術というよりも普段の生活で雪を見ることがないことから雪にあこがれる傾向が強いこともあり、ニセコエリアの毎日降り積もるパウダースノーと初心者でも楽しめることに、スキーヤーは、まさにときめきを覚えたことでしょう。さらに、温泉や北海道ならではの味覚など、他にもときめき要素が満載であることから、人気が高まるのは必然だったといえます。

ときめき、つまり旅行者にとっての付加価値は、観光地には必要不可欠な要素です。

台湾や香港、タイ、シンガポール、フィリピンなどのアジア圏の観光客にとっては、雪そのものがときめきの対象になっています。

東京から新幹線でも行ける雪のリゾートして、川端康成の小説でも有名な**越後湯沢**がありますが、近年はアジア系の来訪者も多く、ロープウエーで登ったスキー場で（スキーをするわけではなく）ただ、上越国境の山々を見ながら降り積もった処女雪に寝そべり、雪とたわむれるだけの旅行者がなんと多いことでしょうか。

シンガポールといえば、面積の小さい国ながら多民族国家でありイスラム教徒も多く住む国でもあります。フィリピンやマレーシアなどもイスラム教徒が多い国です。

こうした国からの観光客に**ハラル対応**（イスラム法に則った食材と調理法を用いた食事を提供すること）を早くから実施し成功したのが、ニセコ同様、スキー場として人気の高い**長野県白馬村**です。インドネシアは近年日本への関心が高まっている東南アジアで唯一G20に参加している国で、人口も中国、インド、米国に次ぎ4位であり、世界最大のムスリム人口を有する国です。日本への観光客は２０１９年で40万人強とまだ少ないですが、今後増加することを考えると、ますますハラル対応の必要性を感じます。食事は、どこの国の人たちにとっても、とても重要な関心事ですから、ハラルだけでなく、例えば、ヒンズー教の人々（牛肉を食べない）、ユダヤ教の人々のコーシャミールなど、相手国の食事情について今まで以上に注意を払う必要があるのではないかと感じます。

「訪れる人にとっては何がときめきなのか」をいろいろな面から考えてみることが必要なのです。

【2】オリジナリティを出すには

（1）個性化、オンリーワンの存在はあるか

観光振興をめざす地域には、すでに観光資源があるところも多いでしょう。第2章でご紹介してきた自然の美しい風景、歴史的な町並みや古くから伝わる祭りなどの歴史的・文化的資源、温泉などがそれです。

ただし、それらに地域特有のオリジナリティがあるか、オンリーワンといえるものかというと、なかなか難しいでしょう。それでも、長浜市のように、**もともとあるものをブラッシュアップする**ことで、観光地として成功している例は少なくありません。

こうした歴史的な景観を残すための施策には、国土交通省が1966（昭和41）年に施行した「古都における歴史的風土の保存に関する特別措置法（古都保存法）」があります。これにより、京都市、奈良市、鎌倉市・逗子市、斑鳩町、天理市・橿原市・桜井市、明日香村、大津市の8市1町

1村が**古都指定都市**になりました。ラインナップを見ると、早い時期から観光地として著名な地域であることがわかります。

2008（平成20）年には、国土交通省の外局として観光庁が設置され「地域における歴史的風致の維持及び向上に関する法律（**歴史まちづくり法**）」も施行されました。

これは市町村が、国の基本方針に基づき「歴史的風致維持向上計画」を策定し、国の認定を申請することができる制度です。ここでいう事業の中には、公共施設の整備や修景施設の整備、電線の地中化等、良好な街なみの維持・再生を支援する「街なみ環境整備事業」や地域活性化の核となる貴重な歴史的資産の保存・活用に資する都市公園の整備を支援する「都市公園等事業」などがあり、認定を受けると法律上の特例措置や、補助対象拡大・国費率嵩上げ（例えば歴史的建造物の修理・買取など）を受けることができますので、うまく活用することが望まれます。2009年1月19日、**金沢市**、**高山市**、**彦根市**、**萩市**、**亀山市**の5都市が認定され、毎年平均7市のペースで増加し、2020（令和2）年6月24日には**熊本市**、**棚倉町**（福島県）が追加認定され、令和3年3月末現在では86カ所となっています。ここ数年は**内子町**（愛媛県）、**基山町**（佐賀県）、**高野町**、**湯前町**（熊本県）、**広川町**（和歌山県）、**湯浅町**（和歌山県）、**桑折町**、**磐梯町**（福島県）など町の指定も増えています。

この事業の一例をあげれば、金沢市東茶屋町の無電柱化、金沢城の鼠多門、鼠多門橋の復元や水戸城跡周辺地区内の道路美装化・無電柱化があげられます。自分の地域であてはまるものがないか考えてみてください。なお、この「歴史的風致」には、街並みだけでなく伝統芸能や伝統産業など土地特有の食文化などそこに生活する人々の営みも含まれており、単にハードとしての歴史的建造物だけでなく、ソフトとしての人々の活動が一体となって「歴史的風致」を作り出しているということに注意する必要があります。筆者は観光地を構成している要素として「人間力」が重要さを何度も指摘していますが、ここにもその考え方を見ることができます。

内子町の町並み

内子町の例をあげてみましょう。ここは、江戸時代から明治時代にかけ、和紙と木蝋の生産で栄えたまちで当時の繁栄ぶりを伺わせる商家群の町並みが八日市・護国町地区に残っています。水車や屋根付橋などの農村風景が残っていることも観光資源として大きなポイントといえましょう。傾斜地をうまく活用してぶどう、なし、桃、柿などを観光果樹園として訪問客に開放したり、また、農産物直売所（内子フレッシュパーク・からり）を開設したことも都会からの訪問客を増やすことにつながりました。

さらに、和紙漉きの体験や、今でも現役の芝居小屋内子座

（重要文化財）で文楽、人形浄瑠璃などの伝統芸能を楽しむことができること、着物で街を散歩し、古民家を改装した宿に泊まるなど、ただ見るだけでなくさまざまな体験を楽しむことができるのが観光客には大きな魅力となっているのです。

ドイツの中世の町として有名なローテンブルクと、街並みの保存などの共通のテーマで交流を続け、２０１１年（平成23）年９月姉妹都市盟約を締結しました。

このような伝統文化、街並み保存への熱意が評価され、２００９（平成21）年、ミシュランガイド日本版で１つ星を獲得しました。内子町の観光のテーマ「**郷愁と癒しに出会う旅**」は、「歴史街づくり法」の趣旨に沿ったものであるということが言えます。

一方で、どう探してもオンリーワンがないという地域では、**創り出すという方法**もあります。

拙著『ときめきの観光学』で紹介した熊本県小国町の**黒川温泉**が良い例です。阿蘇の山懐に抱かれたかつての湯治場である黒川温泉は、国民保養温泉に指定されている雰囲気のある温泉です。しかし、近隣に漱石も浸かったという内牧温泉など人気の温泉があり、影の薄い温泉地でした。

そこで、１軒の温泉宿が立ち上がり、オンリーワンを創り上げたのです。創業明治41年の老舗旅館「神明館」第３代当主の後藤哲也氏は、20代の頃、近隣に景勝地もなく、これといった特徴のない黒川温泉は、このままでは衰退の一途を辿ることになると危惧します。そこで、旅館の敷地内にある岩屋をノミ１本で３年半の歳月をかけてくりぬき、間口２ｍ、奥行30ｍの洞窟を完成、温泉をひいて「洞窟風呂」にしました。さらに、裏山から雑木を運び込み、あるがままの自然を感じさせる「露天風呂（岩戸風呂）」も完成させます。

これが話題となり、宿泊客が増えていきました。

ここで終われば、たった１軒の旅館が繁盛しましたというだけの話になりますが、黒川温泉街の他の旅館にも露天風呂があればもっと話題になると考えます。他の旅館のオーナーに声をかけ、希望者には作り方まで教え、それぞれの旅館が工夫した露天風呂が完成しました。さらに、温泉組合で地元の小国杉を輪切りにしたキーホルダー型の「入湯手形」を発行、温泉街の３つの露天風呂が楽しめるようにしました。入湯手形は、使用した後には旅の記念になると好評を博し、またこの**売上を組合員で均等に配分**する一方で、**町の整備にも**当てました。これにより温泉宿だけではなく、町全体で盛り上げていこうという気運が生まれました。

露天風呂の周囲に木を植え、近くの森にも合計１万５０００本の木を植林、看板やサインボードなどにも統一感を出し、鄙びた湯の町情緒が蘇り、他では味わえない雰囲気が熟成され、それがオンリーワンになっていったのです。

折しも温泉ブームが後押しして、若い女性客も増え、２００９年版『ミシュラン・グリーンガイド・ジャポン』で温泉地としては異例の二つ星が与えられました。ここで重要なことは、**たった１軒の宿から始まったことが、温泉街全体を巻き込んで、黒川温泉全体の評価を高めた**という点です。

第２章で、観光地には、観光資源、観光施設、人的サービス（人間力）の三要素が不可欠と述べました。黒川温泉は、観光資源を人間力で高めた良い例といえます。

（2）限定商品などの方法も

「なければ創る」には、**「地域限定品」の開発という方法**もあります。

第2章でご紹介した**信州高山村の名産品「さわやかりんご」を用いたスイーツの開発や特産品開発コンテスト実施**はその一例です。

稀少な国産大麦「**はだか麦**」生産量30年連続国内1位の**愛媛県松前《まさき》町**では、2016年に特産品であるはだか麦をつかったおやつをつくる「芽吹きと実りのはだか麦　プロジェクト」を開始しました。プロジェクトAでは町内の飲食店におやつを開発してもらい、プロジェクトBでは、愛媛大学や料理研究家とチームを結成して、食物繊維（水に溶けるβ-グルカン）が白米の10倍以上というヘルシーさを活かした新カテゴリのおやつを町外に発信するというもの。Bチームの開発した「はだかむぎゅ」（クラッカーのようなもの）は、博報堂のチイキノベーションがブランディングし、パッケージなどに工夫が凝らされています。まだまだ町の経済全体を引っ張るほどではないそうですが、松前町と聞いてすぐにはだか麦のイメージを浮かべてもらえるようにプロジェクトを進めていきたいと町の担当者は話をしています。

食に関しては、2016（平成28）年に農林水産省が「食と農の景勝地」（2017年からは

「SAVOR JAPAN」〔農泊、食文化、海外発信地域〕に名称変更）という事業を打ち出しました。これは、地域の食と、それを生み出す農林水産業を核として訪日外国人を中心とした観光客の誘致を図る地域での取組みです。特に農泊（農山漁村滞在型旅行）を推進している重点地域を農林水産大臣が認定する制度です。ここでは、多様な地域の食やそれを支える農林水産業や伝統文化の魅力により、訪日外国人を誘客することを目指します。美味しい日本食が食べられるのはもちろん、地域の食文化にも触れることができる旅先として「SAVOR JAPAN」ブランドでの一体的な情報発信を実施しています。

日本の農山漁村の豊かな自然をテーマに、それぞれの土地に生まれた食文化や、美しい日本の神髄を外国人にも体感してもらいたいという趣旨のもので、令和2年度までにすでに31カ所が認定を受けています。これを見ているとあらためて日本の食文化の幅広さに驚かされ、日本人にとっても、まだまだ十分に知られていないものが多いことに気づかされます。これを参考にして、自分たちの地域で何ができそうかと考えてみることが必要です。

このように、**オリジナリティを持つ**ということが誘客にはとても重要だということを常に心に留めておいてほしいと思います。

SAVOR JAPAN
認定ロゴマーク

自分の住んでいらっしゃる地域に、どのような魅力があるのかオンリーワンと呼べるものがあるのか、現在なくても近い将来それを生み出すことができそうか、考えてみることが重要です。

【3】旅行の容易化

（1）思い立ったら、すぐ行ける＝容易

旅の容易化とは、**思い立ったら、すぐに行ける**と言い換えることができます。

テレビ番組や美しい写真などを見て「あそこに行ってみたい」と思う人がいても、実際に行けなければ、それは旅行客になりません。見た人の「行きたい」と思う気持ちをいかに実現に結び付けるか、それが「旅行の容易化」です。

「**旅行の容易化**」という言葉は、1997年に施行された法律「外国人観光旅客の来訪の促進等による国際観光の振興に関する法律（2020年2月に一部改正）」に関連して注目されるようになった言葉です。

当時は外国人観光客の数がまだ少なく、しかも大都市圏への団体旅行が主流でした。そこから来

訪地域の多様化を図り、個人手配旅行へとシフトすることで、量的・質的両面での変化を図ることを目的としたものです。外国人観光旅客が増え、来訪地が全国の地域にわたることで、国の経済的発展と地域経済の活性化につながり、さらには国際交流の拡大にもつながるとしています。

公共交通の路線や航路の整備、料金割引などによる交通費の削減などが折りこまれた内容でした。価格の面だけでなく、旅行に伴うさまざまなハザードを取り除くことが「容易化」につながります。その意味では、いわゆる「パッケージ旅行」は、今まで自由がきかないなどの欠点ばかりが強調されてきたキライがありますが、（修正すべき点があるにせよ）もっと見直され評価されるべきで、運送・宿泊・人間力をまとめて最大限に引き出すことで、観光地に行く旅行の容易化が達成されるのです。日本に古くからある「講」やそのプロモーターとしての「御師」は、この「容易化」の先例といえます。

日本でまだ庶民には不自由な移動しか許されていなかった江戸時代、寺社に詣でたり湯治が目的の移動は例外でした。この頃、前者の参詣を促すために「御師」と呼ばれる人々が存在しました（伊勢神宮、富士山、立山など）。御師は、自分が所属する寺社の功徳を説いてまわる、いわゆる勧誘を行なったり、寺社までの道案内や説明ガイドなどをしていました。現在も観光地でよく見られる、地域の人々による観光ガイドのルーツとも言える存在で、これによって参詣したいと思っている人たちは、安心して遠くへの旅に出ることができたのです。

（2）旅行の商品化

旅行の商品化とは、これまでご紹介してきた地域のさまざまな魅力を、効果的に旅のコンテンツ化することです。

もしも地域内に複数の景勝地がある、たとえば3カ所あるとして、点在していると観光客は1カ所にしか行かず、滞在時間が少なくなり、別なところに宿泊してしまう可能性が高くなります。こうした場合は、もっと別な観光資源を組み合わせ、全部を回りたいと思わせるしかけや、効果的に巡れる交通手段を確保するなどの対応が必要です。

無駄のない経路、景勝地、観光施設の開いている時間、その時期の最もおいしいと思われる食事、最も美しい印象に残る時間に訪れることなど、**経験した人でないとできない要素を考慮しながらコースを作っていくこと**がプロの仕事で、単に、順を追っていくだけでは、プロにお願いする意味がないと思われてしまいます。

（3）新しい着眼点

本章【1】（3）で、ハラルやコーシャ対応が必要だといいました。食については、子どもだけではなくおとなのアトピーなどアレルギー体質が増えてきたことで、食材の対応をしているところが多くなりました。

インバウンドでは、今以上に**さまざまな国から多種多様な人たちがやってくる**ことを考えると、**ハラル対応**のように宗教上だけではなく、**ベジタリアン**（菜食主義）や**ヴィーガン**（卵や乳製品を含む動物性食品をいっさい食べない完全菜食主義者）などへの対応も考えないといけないでしょう。こうした人たちには、日本には古来、生臭物（魚や肉）を使わない精進料理があることをアピールすることも考えられます。その本物そっくりの色や形、味はもっと強調されてよいと思います。

観光庁では、２０１８年推計数値として、日本を訪れるベジタリアン・ヴィーガンの外国人旅行者は年間１４０万人から１９０万人、飲食費は４５０億円から６００億円としています。その対応を示した「飲食店等における外国人ベジタリアン・ヴィーガン対応ガイド」も作成しているので参考にしてみてください。

また弱者への対応として、宿泊業でも飲食業でもバリアフリーはかなり進んできています。旅行を一つの流れとして捉えたとき、今後は、運送機関・宿泊機関だけでなく、観光資源の中でも身障者が楽しめるような工夫が必要になっていきましょう。**そこに行きたいと思った人が行けるように、ハザードを取り除く。それが「旅行の容易化」なのです！**

（4） 情報の発信

どんな業種でも情報発信は大切ですが、**目に見えない商品を扱う旅行業**にとっては、とりわけ重要です。これは観光産業全体に言えることなので、注意をしながら見ていくことにしたいと思います。

そこに行くのが初めての旅行者にとっては、前もって得られる情報がすべてですから、来ていただく観光地側としては、どのような情報を発信していくかというのが大きな課題になります。旅行が観光**資源**、観光**施設**、**人間力**などの要素で構成された観光地とそこへの**アクセス**で成り立っていることを第2章で何度も述べたのを思い出してください。旅行者にとって必要な情報は、これらのものです。そこに行けば、どのような心ときめくものがあり、どのような施設が迎えてくれるのか、どのようなホスピタリティが期待できるのかという旅行者が最も知りたいことが含まれていなければなりません。

単に、**観光資源を羅列したリスト、宿泊施設のリストを並べるだけでは十分ではありません。**観光スポット、例えば、紅葉を楽しむのであれば、いつ頃が訪れるのによいとか、どのあたりがよいとか、駐車スペースがあるのか、食事をする場所があるのか、地場の名産品をそこで味わえるのかとか、**旅行者の行動に即して必要となる事柄を有機的にまとめていることが必要**なのです。バラバラな情報では、結局、旅行者は自分で旅行を組み立てることが難しく、十分にその観光地を楽しむことができなくなってしまいます。

旅行者の視点で作られていないパンフレットがなんと多いことでしょうか。観光地のプロモーションというと、「パンフレットを○○部作って配布しましょう」ということが多くなってしまいます。ただ美麗な写真を並べ、アイキャッチ的なコピーをつけるだけでは、観光地のプロモーションにならないことを、よく理解しておく必要があります。

旅行者のニーズは千差万別です。**代表的なモデルプラン**をつくっておくことも有効ですし、**親身になって相談できる窓口**をつくっておくことも重要です。筆者が特に感じているのは、観光地としてうまくいっているところは、どこも、この**相談窓口がしっかりしていて、スタッフもよく勉強しているということです。**単に応対するためだけに人を配置しているところは、話をしているうちに、「もう、いいや」という気持ちになってしまい、来訪意欲をそがれてしまうのです。観光客は、貴重な時間とお金を使ってときめきを求めてくるのだということを、受け手側が強く認識しておく必要があります。

自分たちの地域がメディアで紹介されたら、その記事、番組についてはよく知っておく必要があります。「ＮＩＫＫＥＩ　プラス１」「裏見の滝ランキング」で、**信州高山村の雷滝**が２位に入り紹介されたとき（114頁を参照）、問い合わせが殺到しました。観光協会はうれしいやら、忙しいやらてんてこまいで、同時に全国紙の影響力をひしひしと感じたそうです。

こういうきっかけをいかに来訪に結び付けるかは、地元の人々の力にかかっています。せっかくメディアが紹介しているのに、そのことに関心が持てないスタッフばかりでは、旅行者は「地元の人がそんなに無関心なら、きっと大したところではないに違いない」と考え、行くのをやめてしまうでしょう。地域の人の地元愛は、観光振興に何よりも必要だということがこういうところにもあらわれてきます。

近年では、ITを利用した**観光地のホームページ作成**が多くみられます。その制作のコンセプトは、パンフレットと同じであるべきで、やたらに多くの情報をなんでも載せればいいというものではありません。

ITの強みは、**動画を見せること**ができるということです。スチル写真だけより動きが加われば説得力が出るのは当然でしょう、さらにそれに音が出るようになれば、見るほうはいやが応でも、行きたい気持ちを誘われます。そうなったところで前に述べた**「旅行の容易化」**の情報が加われば最高でしょう。IT技術の活用については、印刷物ではできないことやリアルタイム情報に比重を置き地域の人々が全体で使えるようなものを志向して今後さらに研究していく必要がありそうです。

観光地の情報とは、旅客に行ってみたいという動機をあたえ、その後、旅客がとる行動に沿って必要になる情報を提供するということに尽きるのです。

【4】リピーターをつくるには

観光地に観光客が来てくれるようになったら、次にすべきことは、リピーター（何度も訪れてくれる常顧客）を作り、増やしていくことです。観光地は、リピーターが多いほど賑わい、地域が活性化し、結果的に持続可能となります。では、**リピーターを増やすにはどのようにしたらよいでしょうか？**　次にこの問題について考えてみたいと思います。

観光客は、観光地に毎年変わらぬ魅力を求めつつも、その中に新しい魅力を探し求めようとするものです。「恒例のイベントだから」、「毎年行く温泉だから」、「何度も行ったことのある場所だから」と言いつつも、そこに新しい発見が加わったとき、心ときめくものを感じるのです。

その意味で、芸能人などの著名人を呼んだり、派手なイベントを行なうのは、情報発信としてはとてもインパクトがありますが、効果の継続性となると別の問題になります。毎年恒例としてできたとしても、イベント期間が終わった後のフォローアップをあらかじめ十分に考えておかないと、一年の残った日々をどうするのかという問題が残り、費用対効果を考えると、主催者側の自己満足に終わってしまうことが多いのです。

この点で、**熱海**が従来、夏季だけであった**花火大会を毎月開催**にしたのは、旅客への熱海の印象付け、フォローアップのしやすさという意味で、英断であったと言えましょう。

イベントをきっかけとしてオールシーズンの集客につなげるのは次項に述べるオフシーズンへの対応としても有効です。

(1) イベントは起爆剤にすぎない

例をあげてみましょう。1993年に**田舎館村**《いなかだて》(青森県)で村おこしとして始まった**田んぼアート**は、外国人も含め観光客を年々集め、2007年には24万人が訪れるほどの人気になりました。田植えや稲刈りの体験ツアーも行なうようになり、2012年からは会場が2つになりシャトルバスを運行、2013年7月27日には弘南鉄道弘南線「田んぼアート駅」が設置され、さらに2016年からは、スノーアートを鑑賞する「冬の田んぼアート」が始まり、人気は衰え知らずです。

また、スマートフォンを用いて田んぼアートをQRコードのように読みとることで田舎館村産のお米が購入できる「rice-code」アプリを開発、これが数々の賞を受賞という展開もありました。

2010年以降には、田んぼアートは**行田市**(埼玉県/2015年大きさでギネス世界記録に認定)など全国各地に広まり、ますます話題になりマスコミで取り上げる回数も多くなっています。

2020年には中国各地でも参戦、AFP通信が作られた田んぼアートの写真を紹介しました。し

かしイベントは一日だけです。一年の残りの日々をどうするかを考えましょう。

(2) フォローアップと継続性が決め手

これまで述べてきたように、きっかけにはいろいろなパターン、ものがあります。そこではまだ静的なものでしかありませんが、それをうまく組み合わせるなどの観光活動によって動的なものにしていく。その活動はやりっ放しではなく、きめ細かくフォローアップすることで、さらにランクアップしていけば、自ずと持続化へとつながっていきます。

例えば、以前、調査もかねて宿泊した老舗旅館からは、10年経った今でも年賀状が届きます。それを見るたびに訪れたときのことが思い出されて、「今年はなんとか時間をつくって、また行ってみよう」という気持ちになります。これは従来のきめ細やかな対応といえます。

現在は、ホームページを作成してない自治体はないと思われます。フェイスブックやツイッターも目にします。しかし、残念なのは更新が少ないことです。せっかく新しいツールを使っても、フォローアップできていなければ、ないのと一緒になります。**自分たちは何ができていないのかを明らかにして、それに対応していくことも、**リピーターを増やすことにつながります。

観光地の三要素である、観光資源と観光施設があっても、最後の人的サービス(人間力)がなければ、観光地としての成功はないということを肝に銘じてほしいと思います。

リピーターは、その地域の人間力に負うところが大きいのです。

【5】オフシーズンの対応

観光産業にとってオフシーズンへの対応は永遠に変わらぬ課題です。宿泊機関、交通機関（とりわけ航空機）のキャパシティは、固定的で、それを柔軟に変えられない以上、オフシーズンにおける設備や人的資源の遊休化の割合をいかに減らすかは、経済効率の面からみてもとても重要です。

京都市と京都市観光協会の例

著名な観光地でもオフシーズンという期間が必ずあるものです。日本最大の観光地である京都市でも、以前から冬の観光客が少ないという悩みがありました。月別の来訪者を比べると2月は、最も混む11月の三分の一にもなりません。そこで、京都市はオフシーズン対策として、京都市観光協会との共催で１９６６（昭和41）年から「**京の冬の旅**」という企画を開始しました。

京都には多くの国宝や重要文化財が残っていますが、一般公開されているものは実はごく一部であり、多くの文化財は非公開です。そこで、寺社などに協力を仰ぎ、観光客の少ない冬の時期に公開してもらうことにしました。さらに、冬ほどではありませんが、夏も春秋より少ないことから、10年後には「**京の夏の旅**」という企画も始めます。

「京の冬の旅」に関しては、近年は定期観光バスの特別コースも登場。寺社同様に、食や文化など他の要素に関連する諸団体にも協力・協賛を得て、2020年版「第54回 京の冬の旅」では香りをテーマに香老舗や庭園をめぐる「**〝香り〟で楽しむ京の旅**」など、毎回新企画を提供しています。また能楽ワークショップや金継ぎ体験など多彩なオプションプランも数多く用意し、さまざまな興味を掻き立てる内容になっています。

もちろんいちばんの売りである特別公開も、この旅では初公開となる泉涌寺や大徳寺などがラインナップされていて、リピーターを呼び込めるよう配慮をしています。

コロナ禍の2020年にあっても、休むことなく第55回「**京の冬の旅**」が実施されました。今回は、「より一層『安心、安全』な京都観光を実現するための新型コロナウイルス感染症対策宣言」の実行に取り組み、観光客の安心・安全の実現を図っていくとしています。

非公開文化財特別公開がメインの柱であることは例年と変わりありませんが、見学者の数を制限するためインターネットでの事前予約を優先するなどの対策がとられました（12頁参照）。

京都市内のすべての産業にかかわる人々が取り組んでいるといっても過言ではないこうした姿勢は、どんな観光地にも必要な姿勢です。

どんな観光地にもオフシーズンがあります。その時期をいかに底上げするかが労働集約型の観光産業ではとりわけ大切で、キャンペーンの大きな目的の一つなのです。

JR東海が今年度から始めた「ずらし旅」は、「時間、場所、行動をずらすことによって『発見』のある新しい旅を創る」ことを目指していて、これもオフシーズン対策の一環としてみることができます。季節だけでなく曜日もずらし、より細かい内容となっているのが注目されます。また、目的地の中でも場所をずらすことで新しい体験をするという意味ではマイクロツーリズムのバリエーションととらえることもでき、面白い試みではないかと思われます。このような考え方を発信するだけでなく商品化したことは、今後の観光プロモーションを考えるうえで評価されるべきと思われます。

【6】「泊まらせる」工夫

（1）ナイトタイムエコノミーを充実させる

インバウンドの増加で、脚光を浴びるようになったのが「ナイトタイムエコノミー」です。外国人旅行者に「日本への旅で足りないものは？」と聞くと、「地方だと夜に遊ぶ場所がない」という答えがよく聞かれます。

外国人にとって、夕食後の時間は仕事を忘れて自分を思い切り楽しむ時間なのです。それは旅行中でも変わりません。エンターテインメントやいろいろな人との社交的な時間をいかに楽しめるかが、その旅行をより思い出深いものにするかを決める大きな要素になっているのです。ですから、日本の多くの旅館のように、食事をすませ、あとは、「お部屋でごゆっくりどうぞ」というだけでは、物足りなく感じるのです。

海外、特に欧米では、観光地にはカジノやショーが見られるナイトクラブなどがあり、遅い時間まで楽しむことができます。以前は東京にも、ホテルニューオータニ「ザ・クリスタルルーム」、赤坂6丁目に「赤坂コルドンブルー」などのレストランシアターがあり、セレブも含め外国人観光客がよく通っていたナイトスポットがありましたが、現在は閉店しています。

東京でもそのような状況ですから、地方で新しくナイトスポットを作るとしても、一朝一夕にはできません。いわゆる「遊び場」ではなくてもライトアップや夜景は大きな魅力です。たとえば伊豆の修善寺にある竹林にライトアップした小径や京都のあちこちの寺院で行なわれている夜間の拝観や庭園のライトアップは、それだけでも十分魅力的ですが、それに加えて琴などの演奏やお抹茶の提供、ご住職のお話などが加わればさらにナイトタイムの充実が図れましょう。

伊豆・修善寺　竹林のライトアップ

ちなみにフランス、ロワール地方のシュノンソー城では「ソン・エ・ルミエール」（光と音のショーで城の歴史を説明するもの）がありますし、3D映像を映し出すマッピングショーがアビニョンの古城でも行なわれていて、夕食後の観光客を楽しませています。

このようなショーやライヴミュージックがあれば一番良いですが、最低限でもゆったりと話ができるバー・ラウンジが必要です。そこで、片言でもよいですから外国語ができ、彼らの話し相手になって、好奇心を満足させてあげることができればよいのです。頭から「外国語ができる人がいないから」と言ってシャットアウトするのではなく、彼らのそういう気持ちに少しでも寄り添おうとする気持ちが大切なのです。そういう気持ちは、コトバの上手下手ではなく、相手に伝わるものです。二の足を踏むのではなく、まずは、できることからやってみることが肝心です。

宮崎県高千穂町の夜神楽はもともと夜間に行なわれていたものです。1978年には重要無形民俗文化財に指定されており、文化庁の解説文によれば、「地区の民家で輪番制で神楽宿が決められ、民家のオモテの間を神庭として神籬を設けて飾りつけ、三十三番の神楽を夜通しで催している」とあります。毎年11月中旬から2月上旬にかけて行なわれているものです。

宮崎県高千穂町　夜神楽

この高千穂の夜神楽の歴史は諸説あって、いちばん古いものは1189（文治5）年。以前は氏子が参加する、いわば「閉じた」ものでしたが、現在は旅人も一夜氏子として一部見学が可能です。一般向けとしては、高千穂神社の神楽殿で、年中無休で「手力雄の舞」「鈿女の舞」「戸取の舞」「御神体の舞」の4つの舞が、20時から21時まで公開されています。

このように古くから伝わり、守ってきた文化を、時代に合わせることで、日本ならではの夜の観光資源にすることができる良い例だと思います。この時間ならば、訪問者の宿泊にもつながり、経済効果も考えると地域にとっては一石二鳥というわけです。

これらを参考にして自分の地域で何ができるかを考えてみることが必要です。

（2）日帰り温泉の意味

宿泊とは逆の例も紹介します。一時期から増えた日帰り温泉や足湯は、手軽なこともあり確かに訪れる観光客数は多くなりました。しかし、温泉地にとって宿泊が伴わないことは、一人当たりの収入単価が大きく減ってしまうことになります。一般的に宿泊を伴う旅客の支出は、日帰りの旅客の3～4倍ともいわれているからです。これは温泉地以外の観光地にも言えることです。

すでに、早朝の朝市や夜のライトアップなどを実行しているところもあります。備中松山城や丹波竹田城で有名になった雲海も、早朝のほうが現れやすいので、そうしたスポットが近くにある場合は、それをアピールして、宿泊することを勧め、同時によく見える場所へのアクセスも便利にすることを考えると良いでしょう。

いろいろと情報を収集して、**他の場所での成功を、自分たちの地域でも取り入れられないかを検討してみることをお薦めします。**

【7】オーバーツーリズムへの対策

（1）観光客数は6倍になったが、使う金額は3倍程度

日本政府観光局によると、2019年の年間訪日外国人数（推計値）は、前年比2・2％増の3188万2100人と、政府目標を1年前倒しで3000万人超えを達成しました。2002年（ビジットジャパンキャンペーン開始の前年）に比べて数は6倍になったものの、残念ながら使う金額は3倍にとどまっています。旅館やツアーの安売り合戦や、爆買いの対象が生活家電を中心とする耐久消費財から、化粧品、薬品などの日用品に移り、購入場所も百貨店からドラッグストアやディスカウントストアなど単価の安いところにシフトしたことがその理由とみられています。今後もこの傾向が続くものと思われます。

このような状況の中で予想したよりも早いピッチで観光客がふえたことで、地域住民にとっての

マイナス面や自然環境への悪影響も指摘されるようになりました。例えば、交通渋滞や混雑、騒音、無断駐車、ゴミの不法投棄、立ち入り禁止区域への侵入、違法民泊、文化財の損傷、公共交通の中や民泊でのマナーが悪いことなどです。中でも、混雑による、住民のさまざまな不利益、ごみのポイ捨てによって地域の美化が失われることが懸念されています。

このようなことを「**オーバーツーリズム**」「**観光公害**」などと呼んでいます。

観光客を多く誘致することとオーバーツーリズムをどのように両立させていったらよいのでしょうか。

端的に言えば、オーバーツーリズムは密度の問題なので、**どのように分散化するか**ということになります。

京都市では、市バスの混雑緩和を図るため、観光客が利用する市営地下鉄一日券を値下げし、バスから地下鉄へ誘導する一方、観光施設に協力を求めて開館時間を早めることにより入場者の時間的分散を図りました（季節的分散については、3章【5】オフシーズンへの対応も参照）。また、必要に応じ、混雑情報を発信するようにしました。

さらに、観光客にとても人気のある鎌倉―藤沢間を走る江ノ電では、住民が優先的に乗車できるような仕組みを導入しています。

対策費の必要なもの（ゴミ箱の設置、トイレの新設、サインボード、告知、広告料など）は、その原資を得るため、**来訪者に新たな税金を導入**することも考えられます。東京都ですでに導入されている宿泊税や、宮島で検討されている入島税もこの考え方に立ったものです。新税の問題は、地域の実情に合わせ、慎重に議論を重ねていくことが肝要です。

オーバーツーリズムの問題はともすると**感情論に走ってしまう傾向**があるので、問題点をひとつひとつ冷静に分析したうえで、**個別に対応策を考えていく**ことが重要であることを明記しておきたいと思います。

(2) 住民全員が観光大使に

観光地として成功するためには、とくにインバウンドも考慮するとなると、やるべきことが多すぎて、自治体や観光協会の人材だけでは間に合いません。

住民全員が観光大使であるとの自覚をもって、一丸となって当たることの重要性を改めて指摘しておきましょう。古いしきたりに固執せず、柔軟なあたまで考える習慣を身につけ、年齢や男女に関係なく、よいアイディアはどんどん実践する行動力を持つことです。

観光資源があり、観光施設もある。その上で、人的サービス(人間力)が高まれば、もう「竜に翼を得たる如し」です。

住民全体で観光について考え、知恵を出し合うことが重要です。

【8】目的地までの時間も充実させる

移動の経過を楽しませる

地方の観光地にとって、そこに行きつくまでの時間が長すぎることが旅行者にとってマイナスとなることが、往々にしてあります。そうした場合でも、移動中の時間も楽しんでもらう工夫をこらすことによって、かえってそれが観光客にとっての魅力と映る場合もあるのです。

JR九州の観光列車

2013年10月に運行を開始した「**ななつ星　in　九州**」について見てみましょう。当時すでに「豪華列車」と銘打った「トワイライトエキスプレス」（JR西日本）や「カシオペア」（JR東日本）がありましたが、これらはあくまでも移動そのものを目的としたものでした。これに対して「ななつ星　in　九州」は、その計画段階から異なったコンセプトを持っていました。

「ななつ星」という列車の愛称名は九州7県の観光素材（自然、食、温泉、歴史文化、パワースポット、人情、列車）と列車の7両編成を表わし、単なる移動手段としての列車ではなく、観光目的の、周遊型寝台列車として明確に位置付け、列車の旅を通じてのあらゆる九州文化を体感してもらうということだったのです。つまり、目的地だけでなく、移動中の時間そのものの密度を濃くすることによって楽しんでもらおうと考えたのです。

豪華絢爛な内装には有田焼の柿右衛門窯と今右衛門窯のランプシェードや洗面台を使い、提供する食事も九州の四季折々の旬の食材を使用し、九州全体の魅力が満載です。

さらに話題になったのが、沿線各地で、住民が自発的に行なった「**お手振り**」です。福岡県うきは市では、園児たちがお手振りを行ない、途中からは列車に乗っている外国人観光客の国を事前に調べ、お手振りの際に、その国の国旗を振るというアイディアを実行しています。こうしたこともあり、２０１５年3月からは、うきは市の名産のフルーツを積み込むために、もともと停車駅ではなかったうきは駅で停車するようになりました。

ななつ星の人気が衰えることを知らないのは、列車の魅力はもちろんのこと、こうした「**おもてなしのこころ**」に乗客が感動を覚えているからです。

ななつ星は、車両製造費などが計画より高くなったことから、途中で価格を上げていますが、21年の2泊3日のコースは57万８０００円となっています。それでも希望者が殺到。これは、**それだけの価値がある**というななつ星側の自負と内容、利用した観光客もそれを認めているからに他なりません。

観光に取り組もうという方々には、安く売ることばかりを考えるのではなく、ぜひこうした価値あるものを提供しているという自信をもった姿勢を真似していただきたいものです。

なお、「ななつ星」の成功に刺激されて、JR東日本は「**四季島**」、JR西日本も新しく「**瑞風**」を導入しましたし、私鉄として最長の路線を有する近鉄も新たに「**しまかぜ**」を走らせました。このような、時間消費の旅行は今後とも更に加速が見込まれ、本来の観光旅行の趣旨に近づくと思われます。低価格だけが最大の武器である時代は次第に観光客から疎んじられるようになっていくのではと思われてなりません。コロナ禍を経験して、このような「**旅の付加価値**」**が、今まで以上に大切になった**ことを指摘しておきたいと思います。

【9】格安旅行の問題点

「安さ」を売り物にした「デフレ旅行」

バブル崩壊後、「安さ」を売り物にして、安値競争をする観光地が目につくようになりました。しかしながら、それでは尻つぼみになるだけです。

こうした場合、たとえば宿泊業であれば、まず下のクラスから淘汰されていきます。それらが廃業して安値競争に生き残れたとしても、「あそこの観光地の宿泊施設は安い」というイメージがついてしまい、**一旦下げた料金を上げるのは至難の技**と言わざるをえません。せっかくよい観光素材を持っているのに、正しい評価がなされなくなるのです。

利益が薄ければ、何かコストを削らなければいけなくなり、サービスの低下につながります。当然、評価は下がるいっぽうで、ついには中クラスもダメになり、たった1軒か2軒のトップクラスの老舗旅館などが残っても、観光地としての活気が失われれば、地域全体の活気低下につながります。

温泉地として圧倒的な人気を誇っている**由布院**は、このことを頑なに守っています。平均的に見て宿泊価格は安いとは言えませんが、質の高いサービスを実感すれば、旅行者も納得してしまいます。

ですから、地域全体を考えたとき「安さ」を売りにした「デフレ旅行」は避けることが賢明です。

画一化で印象が稀薄ではリピーターにつながらず

宿泊施設にかかわらず、安さを追求するには、人件費の安い人材と、誰が働いても同じレベルになるようなマニュアルが必要です。それに縛られサービスが画一化してしまうことは避けられません。安さで勝負するとはそういうことです。

コンビニやスーパーならいいのでしょうが、観光地としては個々の印象が稀薄になってしまい、観光客からすればどこも同じに感じられ、そこに行くための積極的な理由がなくなってしまいます。

リピーターとなってもらうには、やはりその地域独自の魅力、独自の路線を開拓しなければなりません。安さではなく、何度でも行きたくなるような本物の魅力で勝負する必要があります。そうすれば、価格帯が高くてもリピーターとなってくれることは、前項で挙げた「ななつ星in九州」や由布院の例を見れば理解できると思います。

【10】「姉妹都市」によるPR法

姉妹都市の由来をみんなで共有

もともとはアメリカの「Sister Cities」が由来とされる「姉妹都市」には決められた定義はなく、その自治体によって使われ方はまちまちです。同じような言葉に「双子都市（twin city：イギリス）」や「友好都市（friendship city）」があります。

一般財団法人 自治体国際化協会（CLAIR：クレア）では、「姉妹（友好）自治体交流には、相互理解や国際親善の推進、地域の振興・活性化、国際社会の平和と繁栄への貢献などが期待されています」としています。また、日本で最初に姉妹自治体提携をしたのは、**長崎市**と**セントポール**市（アメリカ）間で1955（昭和30）年12月のことでした。その数は、1993（平成5）年12月に1000件を超え、2020（令和2）年8月現在、1765件になっています。自治体数では883で複数の海外自治体と提携している自治体は430です。

姉妹都市提携の理由は、**札幌**─**ミュンヘン**（ビール）、**仙台**─**アカプルコ**（メキシコ）（支倉常長使節団）、**串本―メルスィン**、**ヤカケント**（トルコ軍艦遭難救助）、**大津―ランシング**（アメリカ・ミシガン州、大きな湖）、**土佐清水―フェアヘブン**（アメリカ・マサチューセッツ州、ジョン万次郎）、**別府―ロトルア**（ニュージーランド、間欠泉）、**日田―メヨメサラ**（カメルーン、サッカー合宿地）など、それぞれ異なっています。

アカプルコに行ったとき、港に支倉常長の銅像を発見して大いに驚いたことがあります。これは仙台にあるものと同じ大きさなのだそうですが、それだけメキシコの人にとっても親しみを感じるものなのだと思います。

トルコの人達は、とても親日的で、日本人と知ると、大変親しみを持って接してくれます。多くの人達がトルコの軍艦を日本人が救助したことを知っているからでしょう。これは映画にもなりましたし、日本人が思う以上にトルコの人たちの日本びいきは強いのです。

大津市は、市のレベルだけでなく**滋賀県**とランシング市のあるアメリカの**ミシガン州**との提携もあって、日本で熱心に取り組んでいるところです。琵琶湖の遊覧船が「ミシガン」と名づけられていることや、彦根市にミシガン州立大学連合日本センターがあることからも理解できましょう。これは滋賀県とミシガン州の姉妹提携20周年を記念して、１９８９年に設立された施設で、日米両国、特に滋賀県とミシガン州のさらなる友好関係に寄与することなどを目的に、日本語・日本文化プログラム、英語プログラム、ＪＣＭＵ学生と滋賀県民との交流など、これまでに例のない画期的な事業に取り組んでいます。青少年にとってのこのような体験は帰国後、友人に話したり、地元に広め

アカプルコ港に立つ支倉常長像

られ、自分が大人になった時に再度訪問したいと思うようになります。ひいては、子どもにも伝えたいと思うようになり、交流がさざ波のごとく広がっていくのです。

これらの例にみられるように、トップダウンではなく草の根レベルの共感と交流があるからこそ、インバウンドにおける姉妹都市提携は長く続き、それによって派手さはないものの、スポーツ、学術文化、経済などさまざまな分野で子どもから大人まで幅広い年代が参加して交流を深め、地域の振興に寄与することになるのです。

話は変わりますが、クレアでは、「災害時の他言語支援のための手引き2018」も公表しています。最近は日本各地で災害が起きています。異国で災害にあった時の恐怖感は想像を絶するものがあります。筆者自身もサンフランシスコに住んでいるとき、マグニチュード7・1の大地震に遭遇しました。高速道路が倒壊し、ベイブリッジの路面が落ちてしまったあの大きな地震です。今思い出してもぞっとしますが、日が暮れても停電で灯り一つない夜の街にいるだけで「この世の終わり」を感じたものです。非常用のトランジスタラジオをつけたとき、現地のラジオ局のアナウンサーが「さながらホラー映画のようであります」と言っていたのを今でも忘れることができません。外国人を受け入れる場合には外国人の気持ちになって災害への対応を考えておけるよう、この「手引き」を参考にされるとよいと思います。

【11】ＭＩＣＥによる地域の活性化

（1）ＭＩＣＥとは？

「ＭＩＣＥ」とは耳慣れないコトバですが、観光産業の造語で、多くの集客交流が見込まれる「Meeting（企業等の会議）」「Incentive travel（報奨・研修旅行）」「Convention（国際機関・団体、学会等が行なう国際会議）」「Exhibition/Event（展示会・見本市、イベント）」の頭文字をとった語句です。

まず、イメージとして古くからある、京都宝が池の国際会議場やパシフィコ横浜を思い浮かべるとよいでしょう。これらが地域振興の起爆剤となるのは、次のような理由によります。

（1）参加者が大きな人数である

（2）旅行費用の単価が高い
（3）多様な観光行動をともなう
（4）参加者は、各国のＶＩＰやキーパーソンなど自国に対して大きな影響力を持った人が多い
（5）参加者だけでなく、その家族や通訳などの運営関係者、マスコミなどの随行者が多く見込まれる

規模が大きく、滞在も数日にわたることが多いので、当然多くの金が動くことになります。開催のための会場は、会議場だけでなく、展示スペース、宿泊施設、報道関係者用スペースなどが必要です。これら全部がそろって有効に機能できるところは思ったより少なく、パシフィコ横浜や東京ビッグサイトが代表的なものです。**ＭＩＣＥを本格的に誘致するには、付帯施設も重要であること、会場までのアクセスも考えておくこと等が重要**で、今後の改善が望まれています。

会議の時間中に、同伴者たちは、近隣を視察することが多いですし、この機会にと日本文化を積極的に吸収しようとする方々も多いので、そのようなことへの対応も必要になります。開催地では、観光客誘致のため、このような機会を利用して、ＦＡＭ ＴＯＵＲ（Familialization Tour＝その地域のことを知ってもらうために代表的な場所を選んで訪れてもらう、いわば「定期観光バス」のような内容のもの）を行なうことが多く、参加者のマスコミが取り上げれば大きな影響力を持つことになります。

アメリカやヨーロッパ諸国には、コンベンションサービスあるいはミーティングサービスという

職種があり、彼らが、このようなこと一切を手配することになるので、開催が決まったら緊密な連絡を取り合い、彼らが望むものを実現することが大きな成功のカギとなるばかりでなく、何度もリピートしてもらえることにつながるのです。彼らは、想像以上に、そういった**人間関係の信頼**を大切にします。金に換えられない真心、誠実さが最も大切にされるのです。ゆめゆめ短期的な利害得失でビジネスと割りきることのないようにすることが肝要です。

「**MICEアンバサダー**」制度は、国際会議等の開催地としてのプレゼンス向上のためJNTOが2013年に導入したもので、学識、名声があり、専門分野において影響力のあるビジネスパーソンや有力な学会・研究機関等のグローバルリーダーの人々に「MICEアンバサダー」に就任してもらい、「日本の顔」として、国内外にMICE開催国としての日本の広報活動や国際会議の誘致活動を行なうものです。それぞれの分野の国際会議誘致活動や日本国内における国際会議開催の意義についての普及・啓発活動に加え、会議開催地としての日本の魅力を海外に向けて発信する広報活動を行ないます。2021年度には、ノーベル賞を受賞された梶田隆章氏が新たに任命され62名となっています。

2007（平成19）年、最初の「観光立国推進基本計画」が閣議決定された際、2005（平成17）年には年間168件だった国際会議を5年間に5割以上増やすことを目標にしました。

２０１０（平成22）年には２３９件となりほぼ達成することができました。２０１２（平成24）年の同計画の改定では、２０１６年までにさらに50％増を目指し、こちらも４１０件と伸びました。これらの数値はＪＮＴＯの基準による統計で、そのうち、中・大型国際会議（参加者の総数が３００名以上で、外国人の参加者が50名以上のもの）の数を示しています。２０１８年は４６４件、２０１９年の統計で、２０１９年１月～12月に日本で開催された国際会議の数は５２７件とさらに伸びています。

これには、**「ＭＩＣＥアンバサダー」制度**が寄与していることは言うまでもありません。

（２）ＭＩＣＥによる経済効果

ＭＩＣＥによる経済効果はどのようなものでしょうか？　北海道の冬の大きなイベントである札幌雪まつりは、例年２００万人を超える見物客が訪れますが、これと同時期に札幌で開催された国際会議（２０１８年）とを観光庁の数字に基づき比べると、雪まつりは参加者２１９万で経済効果は３４９億円であるのに対し、国際会議は参加者２０００人で経済効果は５・９億円と推計されています。つまり、一人当たりの旅行支出単価は、雪まつりが１万６０００円であるのに対し、国際会議は29万５０００円となり、実に18倍もの開きがあるわけです。推計値なので数字に幅があることを考慮しても**ＭＩＣＥの経済効果の大きさ**を実感することができますし、今後、力を注がなければばならない理由を理解することもできましょう。

バブル時期以降、各地にＭＩＣＥを意識した大きな施設が建設されました。それ自体は結構なことなのですが、建物があっても利用されていないケースも多いようです。そのような地域では、今一度、ＭＩＣＥの趣旨に立ち返って、足りない部分を補い、観光庁やＪＮＴＯの情報、制度を活用しながら、長期的な視野に立って誘致活動を行なっていくことが望まれます。

【12】ＤＭＯ

（1）登録ＤＭＯとは

ＤＭＯとは、これも聞きなれない言葉ですが、第2章に述べたようなその地域にあるさまざまな観光資源に精通し、地域と協同して観光地域作りを行なう法人のことで、Destination Management Organization（デスティネーション・マネージメント・オーガニゼーション）の頭文字を略したものです。「**観光地域づくり法人**」とも呼ばれます。

観光庁は、これによって地域の「稼ぐ力」を引き出すとともに、地域に対する誇りと愛着を醸成する「観光地経営」の視点に立った観光地域づくりの「舵取り役」として機能することを意図しています。そのため、「多様な関係者と協同しながら、明確なコンセプトに基づいた観光地域づくりを実現するための戦略を策定する」とともに、「戦略を着実に実施するための調整機能を備えた法人」であることを求めています。

求められているのはかなり難しいことと言わねばなりません。観光産業が、今まで述べてきたように、多様な業種と関連しており、それらの利害関係を調整しながら、地域の振興という共通目的に向かって進んでいくための要件を規定していると言えます。地域の住民が納得できる考え方、目標を実現できるための意思決定の場を作ることなど、当然のことばかりなのですが、今まで、このようなタテ組織を横断するものがほとんどなかった日本では、その運営について、いろいろな課題があるのも事実です。

(2) 観光協会との違いは？

観光産業の中では、今までも観光協会や旅館組合などという仕組みが多くの地域にあります。これらはいずれも社団法人、組合法人であり、**事業者の利益を代表**しています。このため観光協会の行動原理は、事業者視点なのです。しかも、観光協会といっても形態はさまざまで、一般社団法人、公益社団法人と冠を付けながらも、観光課のなかに設置されている行政依存型の観光協会から、音楽イベントや花火大会などで、独自の事業として年間の予算を稼いでいる自立型の観光協会もあります。

観光協会は、地域における観光関連者との連携が行なわれているものの、慣例イベントをこなすだけで手一杯になり、新規の観光客開拓のためのプロモーションにまでは手が回っていないのが現状です。

それに対し、**DMOは顧客視点である**ということです。事業者視点では、それによって不利益を生じる事業者がいる場合は、その施策は実行できません。一方DMOであれば、顧客の求めるものなら、制約なく実行できます。また、国内外の観光客の新規開拓のために、マーケティング戦略や集客につながる効果的な戦略、戦術をたて、実践していくこともできます。そのような組織こそがDMOなのです。

また、観光協会では行政からの補助金が多いことから行政の管轄区域に制約されることが多いのですが、DMOではこの制約を受けず、成果を上げるために動いていくこともできます。この点も旅行者にとっては大きなメリットになります。

旅行者が旅行の計画をするとき、行政区域が異なるからといってルートを変更することはないでしょう。**旅行者のニーズは行政区域とは何の関係もない**ことは、皆さんの経験に照らしてもよく理解できると思います。

他にもDMOの強みは、閑散期対策などの需要の平準化、災害等の非常時における訪日外国人を含む旅行者への情報発信や安全・安心対策などがあります。

求められる積極策

総じて「持続可能な観光地域づくり」を図るために**「観光地域全体のマネジメント」の観点**で取り組むことが求められており、内容によっては関係の自治体等と連携して取り組むことも必要です。

このような考え方に立って、従来のやり方を見るとき、

（1）地域の広い層からのヒアリング、関係者の巻き込みが不足している
（2）データの収集・分析が不十分
（3）民間的手法の導入が不十分

の3点を観光庁は指摘し、**マーケティングを強化する必要**を強調しています。そのうえで「待ち」の姿勢から「攻め」の姿勢に転じ、**地元民しか知らない観光スポットを全国に情報発信**したり、**旅行者が喜びそうなツアープランを企画する**といった**積極策**をとるのが望まれているのです。

DMOによって地域全体が納得するものを一本化して地域の魅力として発信していくためにも、その調整機能が期待されているわけです。

また、**現行の観光協会の問題点**として

・運営費だけで人手が足りない

・恒例化されたイベントをこなすだけで手いっぱい
・ほとんどがボランティア活動に助けてもらっている
・役職者は名誉職にちかいので実務には携わっていない

といったことが多く指摘されており、このままでは、まず「来てもらう」ための観光地プロモーションにすら手が回っていません。それでは地元の情報を他地域に発信できるわけがありません。

地域における観光関連商工業者間の合意形成は行なわれていると思いますが、「知ってもらう」「来てもらう」ためのマーケティング戦略・戦術ができていないとまずいわけです。きちんとPDCAサイクル（費用対効果の分析と仮説立案）を推進していくような組織になっていることが重要なのです。

そのために、**観光庁は登録制度を定め、次の5要件**を条件としています。

（1）観光地域づくり法人を中心として観光地域づくりを行なうことについての多様な関係者の合意形成

（2）データ等の継続的な収集、戦略の策定、KPI（Key Performance Indicators＝重要業績評価指標）の設定・PDCAサイクルの確立

（3）関係者が実施する観光関連事業と戦略の整合性に関する調整・仕組みづくり、プロモーションの実施

（4）DMOの組織法人格の取得、責任者の明確化、データ収集・分析等の専門人材の確保

（5）安定的な運営資金の確保

令和3年3月31日時点で、「**広域連携ＤＭＯ**」は、北海道観光振興機構など10件、「**地域連携ＤＭＯ**」は、ニセコプロモーションボード、世界遺産平泉・一関ＤＭＯ、八ヶ岳ツーリズムマネジメント、阿蘇地域振興デザインセンターなど92件、「**地域ＤＭＯ**」は、阿寒観光協会まちづくり推進機構、十和田奥入瀬観光機構、草津温泉観光協会、佐渡観光交流機構、京都市観光協会、長崎国際観光コンベンション協会、沖縄市観光物産振興協会など96件の計１９８件が登録されています。

ＤＭＯが有効に機能すれば、結果として地域に経済的利益ももたらすことができます。これは、これからの「観光による地域の振興」にとって、いわば理想的な仕組みではありますが、**地域の人々が、心から地域の振興を願い、この趣旨を十分に理解して協力し合う**ようにならないと、形だけの組織を作っても、うまく機能しないおそれがあることを、よく理解しておく必要がありましょう。

【13】人材教育の強化

(1) 大学教育

それまで、観光関係の授業は、既に述べてきた観光を構成する要素ごとに、別々に行なわれることが多かったのです。航空運送、鉄道輸送、ホテル経営などが一つの独立した研究科目となっていました。平成18(2006)年の観光立国推進基本法の成立、翌年の実施に伴い、それらに関連する分野への広がりも見られるようになり、それらを包括して観光という視点で研究しようとする機運が生まれてきました。その結果、学科名を変更して「観光学科」としたり「観光マネジメント」や「ホスピタリティ」を冠する名前の学科・学部が多く誕生するようになったのです。観光を地域振興の重要な一環として捉える「観光政策」を冠するものも現れました。

しかし、観光だけを専門として、新たに作られたものは多くないのが現状で、多くは既存の学部を改組拡充したものが主流となっています。ですから「観光学部」「観光学科」の名前がついていても実質的には、その基礎となったが学部学科の内容がそのままになっているものも多く見受けられます。これは**観光学が多岐にわたる知識を必要とするうえに、理論だけでは収まらない、実地の知識を必要と**していることから、必要となる教員がいまだ十分に足りていないこと、多岐な知識をマルチに教授できる教員が少ないことによるものと思われます。観光学の概説書の多くが、多数の人の分担執筆になっていることがこれを端的に物語っています。

観光を学としてとらえるならば、地理系のことは勿論ですが、運送・宿泊業などの経営・マネジメント系、観光立国という国の政策としてみる場合には、法令・政策系の知識も必要になります。これらのことをできるだけ多く、しかも統一的に教授していくことが観光という学問を発展させていくうえで重要だという認識に立って、努力していく必要があるのではないでしょうか。

いつまでも**細切れの知識では、観光という多岐にわたる分野を擁する学問を発展させることは、難しい**でしょう。

(2) スタッフの教育とホスピタリティ

スタッフの教育という点でよく紹介されるのが**ディズニーリゾートの例**です。

大住力著『ディズニーの最強マニュアル』(かんき出版、2014年)によれば、ディズニーでは、いわゆるマニュアルに書かれている作業内容を「デューティー」と称し、さまざまなガイドラインを作っています。

たとえば、組織がいちばん重要としている理念は、ゲスト（来園者）への「ギブ・ハピネス」です。それを実現するために、義務（デューティー）と使命（ミッション）があり、その割合は6対4としています。

義務とは、必ずしなければならない作業で、掃除の仕方などがこれにあたります。

そして、使命こそ、理念を実現するための役割や態度です。具体的には、次のように示しています。

・目を見て笑顔を示せ
・ゲストを親しみを込めて迎え、あいさつせよ
・もてなしの心を表現せよ
・ゲストと接する機会を追求せよ
・迅速なサービス対応をせよ
・常に親切な態度・姿勢を保て
・ゲストに〝魔法〟のような体験と夢を与えよ
・それぞれのゲストに感謝せよ

「ゲスト」を「旅行者」と変えれば、観光に携わる人間にもそのまま当てはまることばかりです。

魔法のような体験とまでいかなくても、**ときめき**を感じる非日常を提供できるはずです。

これこそ、究極の人的サービス（人間力）です。

（3）通訳案内士と旅行業務取扱管理者

旅行関連の資格の中で、国家資格には、①全国通訳案内士と、②旅行業務取扱管理者（総合旅行業務取扱管理者、国内旅行業務取扱管理者、地域限定旅行業務取扱管理者）があります。

①全国通訳案内士

国際観光振興機構（日本政府観光局）が実施する全国通訳案内士試験に合格し、居住する都道府県知事に登録すると、「全国通訳案内士登録証」が交付されます。

試験の科目は、筆記試験が、外国語（英語、フランス語、ドイツ語、中国語、イタリア語、ポルトガル語、ロシア語、韓国語、タイ語のうちの1カ国語）、日本地理、日本歴史、産業・経済・政治及び文化に関する一般常識、通訳案内の実務で、第2次試験として口述試験があります。

受験資格は年齢、性別、学歴その他の制限はなしと間口を広くしているものの、例年、願書の受付が5月、筆記試験が8月でその合格発表が11月、筆記試験合格者のみで12月に口述試験（発表は翌年2月）という長期にわたる試験に対応できる人は、かなり限られると思われます。

また、受験対象言語によって差がありますが、平均の合格率は平成24年度試験までは10％台、WTTCツーリズムサミットが開催された年、翌25年度試験は25・5％と躍進し、22・7％（2014

年度）、19・3％（15年度）、21・3％（16年度）と20％前後をキープしましたが、いずれにしても合格するのは簡単にいかないようです。その後は、15・6％（17年度）、9・8％（18年度）、8・5％（19年度）と数値が落ち込みました。

これには、通訳案内士法の改正が大きく影響しています。

2016（平成28）年には来日外国人観光客は2400万人に達し、4年連続で過去最高を更新しました。その約7割が東アジア、つまり中国、韓国、台湾からの旅行者でした。その一方で、観光庁によると、通訳案内士は大都市部に偏在し、言語も英語に偏りがあるなど、旅行者の通訳ガイドに対するニーズが多様化するなかで、ミスマッチであるという課題が表出します。

それまで通訳案内士法で、有償で通訳と観光案内をするガイドには国家資格が必須であると規定しました。しかしすでに述べたように難易度が高い上に、大都市に偏在している現状は、地方創生のためという目的には合っていなかったのです。

そこで、1949年の制度創設以来初となる規制緩和が行なわれることになり、2018年1月4日「通訳案内士法及び旅行業法の一部を改正する法律」が施行されました。これによって、従来、国家資格である「通訳案内士」の有資格者にのみ認められてきた外国人旅行者への有償の通訳ガイドが、無資格者でも可能になり、これに伴い「通訳案内士の業務独占規制」が廃止され、通訳案内士の登録制度は「名称独占資格」として存続することになりました。地方での人材不足への対応として、地域限定で活動する「地域通訳案内士制度」も新設されたことで、国家試験の受験者数が減り、合格率も低くなったのです。

この規制緩和を活用し、地域振興を考えているところでは、ガイド業務ができるだけでなく外国語にも対応できる地域通訳案内士の資格を持った人を育てておくことが重要です。

②旅行業務取扱管理者

旅行に関する業務を生業として行なうための国家資格として次のものがあります。

取り扱う旅行の範囲によって「**総合旅行業務取扱管理者**」「**国内旅行業務取扱管理者**」「**地域限定旅行業務取扱管理者**」に分かれています。「地域限定旅行業務取扱管理者」は観光立国を目指すために、規制緩和によって新たに設けられた制度です。

また、BtoBではありますが、旅行業者が手配を委託する業者として、「**旅行サービス手配業者**」が旅行業法の改正によって、新たに法律上も認知されるようになりました。

多数の死傷者を出した「関越自動車事故」「軽井沢スキーバス事故」を大きな教訓として、旅行を手配する際、安全面を十分に考慮したうえで手配すること、および、インバウンドにおける悪徳手配業者へのさまざまな苦情（例えば、無理やりお土産屋に連れていって買い物させるなど）、限度を超えた価格競争による安全運行への懸念、間近なキャンセルによる業者への悪影響などに対処するため、新たに法律上に設けられた制度です。手配の重要性を明らかにするとともに、手配業者の地位を認め、同時にその責任を明らかにするようにしたのです。

旅行業者は、その業務内容に応じ、これらの国家資格を有する人を必ず雇わねばなりません。先に述べた「全国通訳案内士」に比べれば平易と思われますが、いずれも試験科目に、旅行業に関連する法令、約款、地理、実務があり、合格率は国内旅行業務取扱管理者で30パーセント前後、総合ではその半数程度となっています。

いずれも、旅行という無形で比較的高額な商品を扱うに際し、消費者保護の観点からも絶対に必要なものです。地域振興を考えている自治体などでは、多くの資格者を持つことがこれからは必要になりましょうし、観光協会などにもこのような有資格者を置いて、地域の魅力を引き出したコースを積極的に作り、旅行者がその地域の魅力に触れやすくする「旅行の容易化」がこれからの発展の大きなカギとなることを今一度確認しておきたいと思います。

第4章　コロナ禍を超えたのちの観光立国に向けて

ここでは、コロナ禍の後に、元のように伸びるはずのインバウンドについてさらに詳しく述べるとともに、「観光立国」を目指す上で、必要不可欠なものを再度点検します。そして、実際に何をすればいいのかについても述べていきます。

コロナ後を見据え、今を充電期間としてとらえ、内容を再点検して、今のうちに準備をしておくことが必要です。

【1】日本の主要産業となる観光産業を支え、発展させる

第3章でも取り上げたように、コロナ禍で不自由になっても、旅行への欲求は低下しませんでした。逆に高まったとも言えます。

特に若い世代では、すでに回復の兆しは顕著で、解禁となればV字回復するでしょう。馴染みの

宿や店を応援したいと考えるリピーター層も、解禁を今か今かと待ち望んでいます。現在は消極的なシニア層、特に女性のシニア層も「安全と安心」さえ得られれば、すぐまた旅へと出かけるでしょう。

それまで観光産業が持ちこたえられるよう、官民一体となって態勢を整えていく必要があります。

まずは国内旅行から回復すると思われますが、殺到を避けるために、国や企業は、休日の分散などを検討し、観光産業からは混雑状況を発信するなどが必要になります。

次の段階では、インバウンドが回復します。全世界でのコロナ禍収束を考慮すると、回復するのは２０２４年という予想を立てているところもあります。

いずれにしても、回復したときのための準備が重要となります。

国土交通省が「２０１８年訪日外国人の消費動向」の中で、**訪日外国人観光客の動向**について紹介しています。

例えば、来日前と来日後で、後の期待値が高まったのは次の項目です。

1位　四季の体感（花見・紅葉・雪）
2位　温泉入浴
3位　スキー・スノーボード
4位　自然体験ツアー

5位　日本の歴史、伝統文化を体験
6位　旅館に泊まる
7位　日本の日常生活を体験

ここに多くの準備のヒントがあります。

コロナ禍によって、日本の清潔さ、安全性の高さが再評価されていることも付け加えておきましょう。

また同調査では、出発前に役立った旅行情報源として、ダントツで1位だったのは個人のブログでした。いわゆる「映《ば》える」が重要な要素なのです。また、日本政府観光局ＨＰ（13・3％）よりも、僅かですが、宿泊施設ＨＰ（13・5％）のほうが高い数字になっています。このように、すでに情報発信を頑張っている宿が増えてきています。

こうした宿は、「他のフリ見て」ではなく、積極的に独自の対策を行なっているようです。自分の宿、店、地域の魅力をできるだけたくさん見つけて、その優位性をもっと積極的に発信していけば、必ず観光客がやってきます。

そうした希望的な観測を持って、これからも、日本の主要産業となる観光産業を支え、発展させていくことが大切です。

そこで、やがて回復するであろうインバウンドについて、あらためて考えていきます。

【2】インバウンドについての経済的考察

（1）国内の観光政策

国、地方自治体などによる観光政策とは、観光を振興することによって、関連する業界、地域の動きが活発になり、それで潤う、という目的を達成するための「Strategy（戦略）」といえます。その先には具体的な「Tactics（戦術）」が必要になります。ここではまず、インバウンド需要再開に向けて、インバウンドのおさらいをします。

観光政策の目的は、以下のようにまとめることができます。

①**外貨獲得**（国際収支の改善）

②**相互理解ないし国際交流**（国際、国内地域間）

↓地域イメージの向上や国際的な安全保障に寄与

③**地域振興と経済活性化**

まず、戦後の観光政策の動きをみていきましょう。

第二次世界大戦後、日本ではまず、外貨獲得と国際間相互理解を二大目標としてインバウンド政策に重点がおかれました。

その後、高度経済成長に成功した日本は、アメリカの社会学者エズラ・ヴォーゲル教授による１９７９年発行のベストセラー『Japan as Number One』のタイトル通り、経済の黄金期を迎えます。

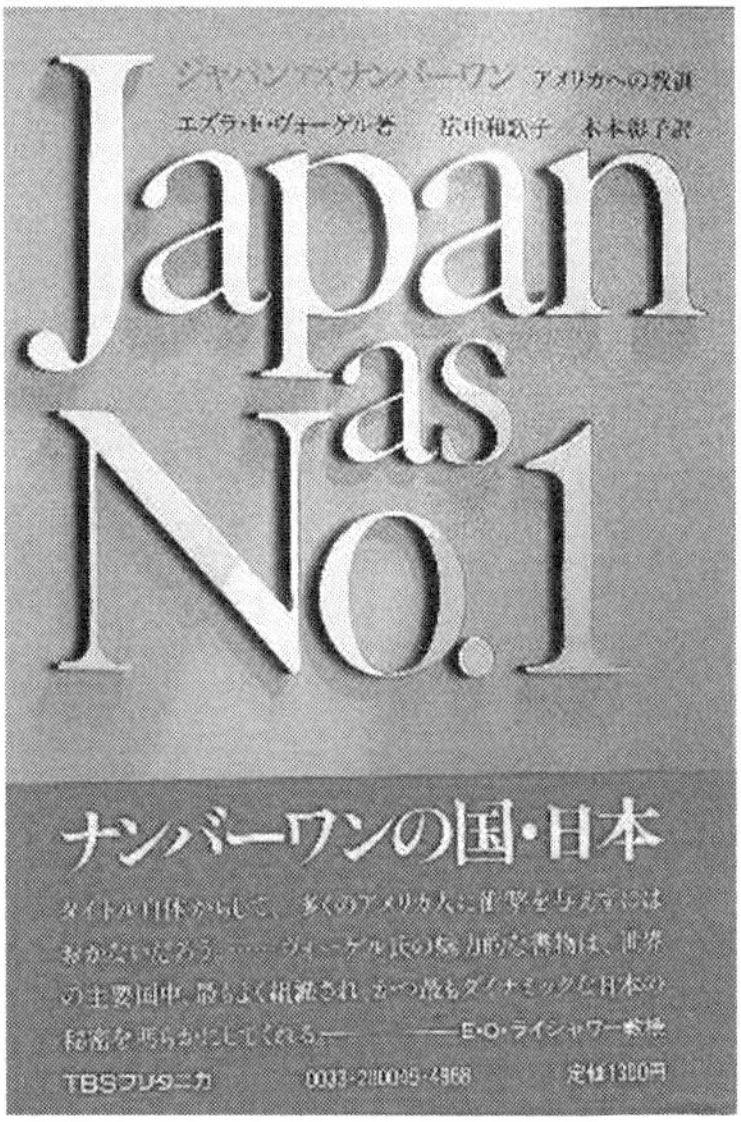

『ジャパン・アズ・ナンバーワン』の表紙

一方、当時、財政赤字と貿易赤字との双子の赤字という問題を抱えていたアメリカが、協調的なドル安路線を図った結果、１９８５年9月、先進5カ国（アメリカ、イギリス、フランス、西ドイツ、日本）によるプラザ合意がなされ、1ドル２４０円前後のドル円レートは、1年後、一気に１５０円台にまで下落、円高が加速しました。

観光関連の動きに戻ると、東京オリンピック開催年の１９６４年、日本がＩＭＦ８条国へ移行したのに伴って、4月1日に海外渡航が自由化され、観光目的のパスポートが発行開始となりました。

当時の旅行代金は、ＪＡＬＰＡＫのハワイツアーを例として、現在の物価に換算すると４００万円もしていました。さらに、外貨の海外持ち出しは、一人当たり年1回、500ドルまでという制限付きでした。それにもかかわらず、1964年の出国者数は12万7749人にも上りました。本格的アウトバウンドのスタートです。

前述の1985（昭和60）年のプラザ合意による急速な円高は、海外での買い物することの割安感を広め、さらなる海外旅行ブームへとつながり、ドルを持った外国人の訪日による外貨獲得はもはや、観光政策の至上の目的ではなくなりました。

国内では、バブル期に入り、好景気を背景に、建設業や不動産業、そしてホテル業が、リゾート地やゴルフ場、ホテルを次々とオープンさせました。

総合保養地整備法

1987（昭和62）年6月には「総合保養地域整備法（通称「リゾート法」）」が制定されます。バブル絶頂期に制定されたこの法律には、制定時の背景と目的に関して、次のように記されています。

【制定時の背景】

①近年における国民の自由時間の増大、生活様式の多様化に伴い、自然とのふれあい、健康の維持・増進、地域・世代を超えた交流等に対するニーズが高まっている。こうした状況に対応して、人生80年時代にふさわしいゆとりのある国民生活の実現を図る必要がある。

②経済サービス化の進展等、産業構造の変化に対応して、地域の資源を活用しつつ、第三次産業を中心とした新たな地域振興策を展開していく必要がある。
③このような近年の社会的・経済的環境の変化に対応して、国民の誰もが利用できる広域的な総合保養地域を整備するものとする。

【目的】

国民が余暇等を利用して滞在しつつ行なうスポーツ、レクリエーション、教養文化活動、休養、集会等の多様な活動に資するための総合的な機能の整備を民間事業者の能力の活用に重点を置きつつ促進する措置を講ずることにより、ゆとりある国民生活を実現し、地域の振興を図る。

構想の方向性が全く間違っていたとはいいませんが、これにより地方のリゾート開発に拍車がかかり、さまざまな問題が起きました。この頃、急激に進んだ北海道のスキー場のリゾート化、関東一円のゴルフ場開発などはその一例です。それまでは二束三文の田舎の土地だったのが高額になるなど、土地価格の上昇にもつながりました。

そして、**観光資源と観光施設のバランスを崩し**、著しく後者に偏った観光地が増えてしまったのです。リゾート法により開発された地域では、方法論の十分な検討が行なわれず、リゾートを運営するノウハウも十分持ち得ませんでした。「リゾート」という言葉だけが先行し、以下のようなマイナス面が露呈する結果となりました。

①大規模開発による環境の破壊
②**地域振興につながらないビジネスモデル**
③画一的な開発内容（アイデアの貧困）
④日本人の観光ニーズとの乖離
⑤「ハコモノ」の維持のため地方財政が圧迫

これらは、いずれも、**観光業が複雑な構成をなすものであることを認識せず、結果的にリゾート開発における観光振興の位置づけを理解しないまま、短期的な利益を目的として行なったことが無理を招き失敗した**といえます。

観光振興に詳しい人材が開発に関わらなかったケースが多かったのも、大きな問題でした。**大がかりな開発には、観光のプロが絶対に必要**なのだということを改めて指摘しておきたいと思います。

ちなみにリゾート法適用第1号は宮崎市のシーガイア（運営会社はフェニックスリゾート）でした。国際コンベンションセンターも備え、2000年7月にはサミット外相会合が開かれましたが、バブル崩壊後は経営がうまくいかず、2001年2月に会社更正法の適用を申請しました。

結局、アメリカのファンドであるリップルウッド・ホールディングスが買収しました。しばらくは赤字経営が続きましたが、富裕層向けにゴルフ場や温泉などの施設を整備し、ゴルフレッスンを始めるなどソフト面でも改善を図り、２００７年には黒字へと転換しました。

２０１２年には、セガサミーホールディングスがフェニックスリゾートの全株式を取得し、完全子会社化しました。２０１５年には総工費１００億円の大規模改修工事を開始、同時にサンホテルフェニックスの営業を終了するなどして、翌年、「フェニックス・シーガイア・リゾート」としてリニューアルオープンしています。

（2）アウトバウンドとインバウンド

リゾート法が制定された１９８７年の９月には、相互依存関係の深まる国際社会において、国際収支のバランスを改善し、貿易摩擦の緩和を図るため、運輸省により「海外旅行倍増計画（テン・ミリオン計画）」が策定されました。前年、５５１万６０００人だった日本人の海外旅行者を、５年間で2倍のテン・ミリオン、つまり１０００万人に増やそうという計画です。

当時、日本の外貨保有高は約２００億ドルにまで膨らんでおり、日本人観光客に渡航先で外貨を使ってもらい、保有高を減らすのが目的でした。結果、１９９０年に渡航者数が１０９９万７０００人となり、1年前倒しで達成されました。

この間、運輸省は１９８８年、「観光の振興が地域の活性化、国民のゆとりある生活の実現、国際相互理解の増進等に大いに貢献する」として、新たな観光地作りや外国人訪日促進施策の推進などを打ちだした「90年代観光振興行動計画（TAP90'S）」を策定しました。これは後に「観光立国推進基本法」に取り入れられることになります。

こうして外国人訪日促進施策を進める中で、テン・ミリオン計画による日本人海外渡航者数（アウトバウンド）の急激な増加が、訪日外国人旅行者数（インバウンド）と比べ、大きなアンバランスを生じさせてしまいます。1990年にはその比率が3.4対1と大きく開いてしまいました。

そこで、運輸省は1991年にアウトバウンドとインバウンド双方を見据え21世紀を展望した新計画「観光交流拡大計画（Two Way Tourism21）」を発表しました。

しかし、その後もバブル景気に乗って、アウトバウンドは数字を伸ばしていきます。インバウンドも数字は伸びていましたが、アウトバウンドに比べると小さな伸びで、1995年にはアウトバウンド1530万人に対し、インバウンドは335万人にとどまりました。

その後もこの差はなかなか縮まらず、1997（平成9）年には「訪日観光交流倍増計画（ウェルカムプラン21）」と「外国人観光旅客の旅行の容易化等の促進による国際観光の振興に関する法律（外客容易化法）」が実施されました。そして、2003年への「Visit Japan Campaign（ビジット・ジャパン・キャンペーン）事業（VJC事業））」へと繋がっていくのです。

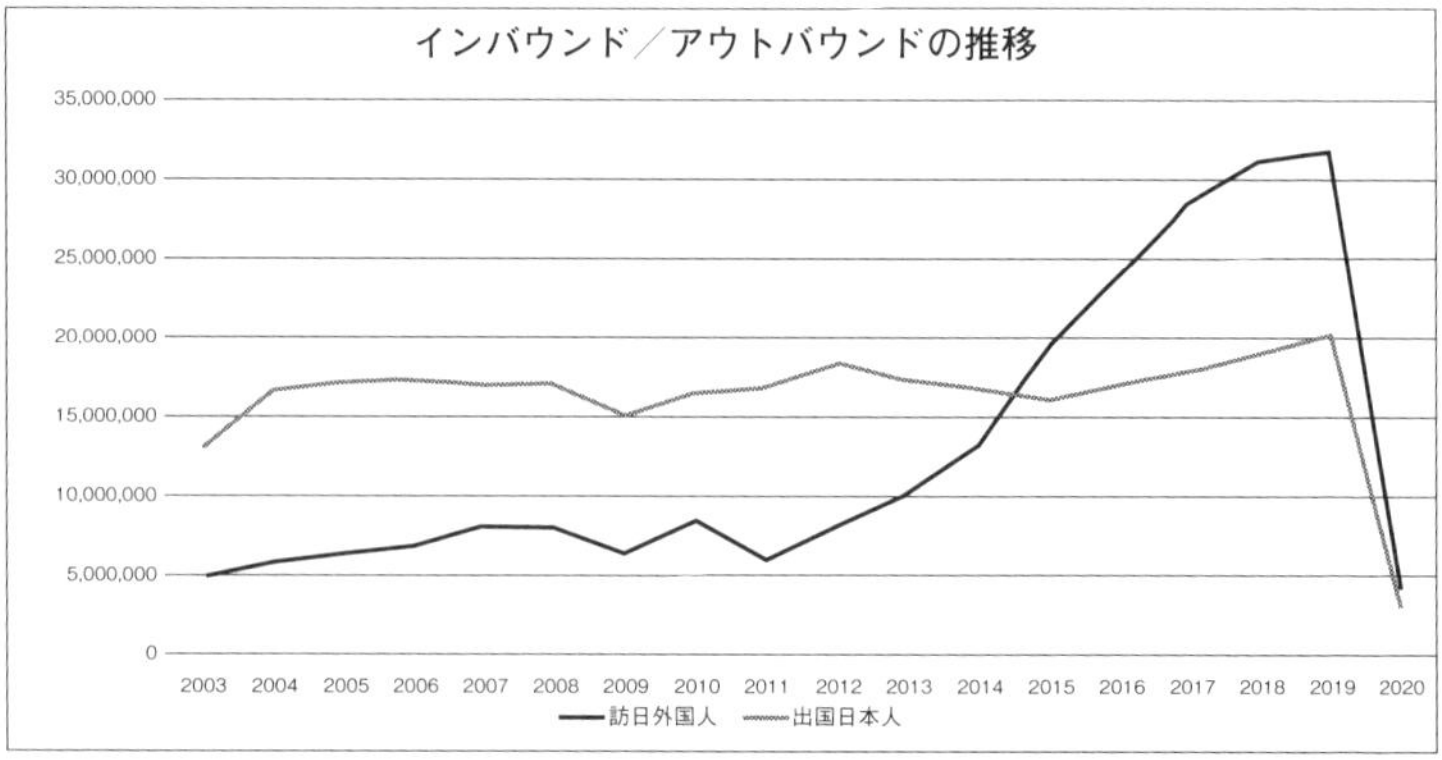

（3）外国人旅行客が増えた経緯

さまざまな計画や施策を投じても、アウトバウンドとインバウンドの差はなかなか縮まらず、２０００年には、とうとうアウトバウンドの数は過去最高の１７８２万人となります。同年、インバウンドのほうは４７６万人と相変わらず伸び悩んでいました。

それまでは外国人旅行者に対するマーケティングが十分に実施されておらず、訪日外国人を誘客するための具体策も十分とはいえない状況でした。

そこに「ＶＪＣ事業」が登場したことで、インバウンド政策は大きく変化していきます。

２００３（平成15）年１月の施政方針演説で、小泉純一郎首相（当時）が「２０１０年までに訪日外国人旅行者数を１０００万人にする」との目標を掲げました。

小泉首相の施政方針演説を受け、観光立国懇談会の開催が決定され、同年4月には「観光立国懇談会報告書―住んでよし、訪れてよしの国づくり――」が発表されました。この報告書では、「改めて観光の意義を問い直す」とともに、「我が国が観光立国を実現していく上での課題と戦略」が提言されています。

その、項目は概ね次の通りです。

I　観光立国の意義―今、なぜ観光立国か―

1．世界が変わる

（1）グローバリズムが促す大交流―小さくなる地球、近づき合う人々―

（2）大交流に遅れる日本―開かれた国を目指そう―

（3）高まる文化交流の役割―文化安全保障とソフト・パワーの充実―

（4）量から質へ。変わる成長パターン―人間重視の時代―

（5）日本における観光の変遷

（6）進化する観光―観光のもつ高い改革効果―

2．観光の革新―文化の磁力を高めて―

（1）「国の光を観る」―観光の原点―

（2）観光は住んでよし、訪れてよしの国づくり

（3）総合的な魅力の高揚する国家デザインの再構築を

（4）文化の磁力の充実

（4）観光産業の国際競争力を強めよう
（5）地域に根ざした魅力を高めよう
（6）人材を育てよう

これを、具体化した「観光立国行動計画書」は、同年7月の観光立国関係閣僚会議で了承され、これに基づいて、**観光庁、ＪＮＴＯ、地方自治体、民間企業などが共同**して、この年の戦略的なキャンペーンが繰り広げられることになったのです。この年の訪日外国人旅行者（インバウンド）は521万人でしたから、当面倍増することを目指したのでした。

皆さんがご存じの「ＹＯＫＯＳＯ！　ＪＡＰＡＮ」は、このキャンペーンの標語として作られたものでした。

ここに出てくる**ＪＮＴＯ**（Japan National Tourism Organization：国際観光振興機構）とは、もともと東京オリンピック開催年の1964年に日本観光協会から改組した国際観光振興会が2003年に解散したことを受け、同振興会から海外におけるプロモーションや観光案内など訪日外国人旅行者の促進に必要な業務など一切を引き継ぎ、発足しました。2008年からは、通称として「日本政府観光局」を使用するようになりました。観光庁が所管する独立行政法人として、世界22都市に事務所があります（2020年現在）。

ちょうど時を同じくして、この頃、中国人観光客が増え始めました。

それは、中国の経済発展に加え、2000年1月に、中国国家旅游局が日本を渡航先国に承認し、同年9月から日本が中国の団体観光旅行者にビザの発給を開始したことも、訪日観光客増加の後押しとなりました。

これにより、2000年には35万2500０人だった訪日中国人観光客は、2003年はSARSの影響などがあり落ち込んだものの、2004年には61万6000人と約1・8倍に増加しました。VJC事業の成功には、こうした国の政策としての要因もあったのです。

以下、**VJC事業開始後10年間の観光推進の取り組み**を整理して並べてみましょう。

2007年1月「観光立国推進基本法」施行
同　年7月「観光立国推進基本計画」策定
2008年5月「観光圏の整備による観光旅客の来訪及び滞在の促進に関する法律（観光圏整備法）」
同　年10月「観光庁」が国土交通省の外局として発足
2010年6月「新成長戦略」策定
2012年3月「観光立国推進基本計画」改定
同　年7月「日本再生戦略」の策定（翌年も策定）

２０１３年６月「観光立国実現に向けたアクション・プログラム」策定

国内でこうした施策が次々講じられ、２０１０年の「新成長戦略」では、インバウンドの目標数値を２０１６年に１８００万人、２０２０年初めまでに２５００万人と設定しました。さらに２５００万人達成の暁には、経済波及効果約10兆円、新規雇用約56万人が見込まれ、休暇取得の分散化により需要創出効果１兆円が見込まれるということも記されるようになりました。

この頃から、**インバウンドの数が伸びることは、いわゆる観光産業だけが潤うのではなく、観光地域全体がさまざまな恩恵を受ける**との認識が地域住民にも少しずつ広がっていきます。そして、観光での町おこしをめざす地域が増えていったのです。

インバウンド対策の重要な柱として、２０１２年からは観光ビザの緩和も行なわれ、９月にインドネシアとマレーシアに対し、数次ビザの発給が開始されます。２０１３年７月には、タイ、マレーシアに対してビザ免除、ベトナム、フィリピンに数次ビザの発給、インドネシア数次ビザの滞在期間延長を実施、同年11月にはカンボジア、ラオスに数次ビザ発給を開始しました。さらに、２０１４年１月にはミャンマーに数次ビザの発給開始と、東南アジア各国に対し緩和を行ないました。

これらによってアジア圏からの観光客も増えたことから、２０１５年には、アウトバウンドが１６２１万人、インバウンドが１９７４万人と、インバウンドがアウトバウンドの数を超えました。

２０２０年7月の時点で、ビザ免除措置の国は、国によってさまざまな制約があるものの、68の国・地域になっています（ただし、新型コロナウイルス感染症に対する水際対策を除く）。

これにより、「観光」の注目度が高まったことは、高等教育にも影響を与え、２００７年、長野大学が環境ツーリズム学部環境ツーリズム学科を、和歌山大学が経済学部観光学科を開設（２００８年には観光学部を開設）するなどの動きは特筆すべきことで、後に続く大学もありました。

ただし、今後ますます重要となる観光の分野に関して、まだまだ教育の場の数が足りないと筆者は考えています。これについては、この章の【３】インバウンド増加に向けた対策とヒント、（３）人材教育の重要性で詳しく述べます。

このように、訪日外国人旅行者の増加は、政策をベースに、官民学が一体となって計画を実行すべく努力を重ねた結果なのです。

この過去の経緯を知ることで、今後なすべきことの方向性が見えてくるように思われます。

（４）観光立国とは何か

２００３（平成15）年に使われ始めた「観光立国」という言葉がいかに重みのある言葉だったかは、経団連が早くも翌２００４年に観光部会を設置し、２００５年6月21日には「国際観光立国に関する提言」を取りまとめたことからもわかります。すでに２０００年10月17日に「21世紀のわが国観光のあり方に関する提言」を取りまとめており、ものづくり産業が多くを占める経団連においても、当時観光産業が大きなウエートを占める存在であったとも言えます。

言い換えれば、**観光産業というものが、もはや、ホスピタリティという従来の枠に収まらず、それを超えて、もっと多くの産業に係わるものであることを示唆した**ともいえる出来事でした。

2007（平成19）年1月に施行された「観光立国推進基本法」は、1963（昭和38）年施行の「観光基本法」を全面的に改正したもので、観光政策のいわば「憲法」ともいえるものです。このとき時代の要請に合わせ旅行業法の改正も行なわれました。

観光立国推進基本法の前文には、当時の日本の状況がよく反映されており、観光立国の理念も、これを読めば理解していただけると思いますので、ここに掲載しておきます。

《観光は、国際平和と国民生活の安定を象徴するものであって、その持続的な発展は、恒久の平和と国際社会の相互理解の増進を念願し、健康で文化的な生活を享受しようとする我らの理想とするところである。また、観光は、地域経済の活性化、雇用の機会の増大等国民経済のあらゆる領域にわたりその発展に寄与するとともに、健康の増進、潤いのある豊かな生活環境の創造等を通じて国民生活の安定向上に貢献するものであることに加え、国際相互理解を増進するものである。

我らは、このような使命を有する観光が、今後、我が国において世界に例を見ない水準の少子高齢社会の到来と本格的な国際交流の進展が見込まれる中で、地域における創意工夫を生かした主体的な取組を尊重しつつ、地域の住民が誇りと愛着を持つことのできる活力に満ちた地域社会の実現を促進し、我が国固有の文化、歴史等に関する理解を深めるものとしてその意義を一層高めるとともに、豊かな国民生活の実現と国際社会における名誉ある地位の確立に極めて重要な役割を担っていくものと確信する。

しかるに、現状をみるに、観光がその使命を果たすことができる観光立国の実現に向けた環境の整備は、いまだ不十分な状態である。また、国民のゆとりと安らぎを求める志向の高まり等を背景とした観光旅行者の需要の高度化、少人数による観光旅行の増加等観光旅行の形態の多様化、観光分野における国際競争の一層の激化等の近年の観光をめぐる諸情勢の著しい変化への的確な対応は、十分に行われていない。これに加え、我が国を来訪する外国人観光旅客数等の状況も、国際社会において我が国の占める地位にふさわしいものとはなっていない。

これらに適切に対処し、地域において国際競争力の高い魅力ある観光地を形成するとともに、観光産業の国際競争力の強化及び観光の振興に寄与する人材の育成、国際観光の振興を図ること等により、観光立国を実現することは、二十一世紀の我が国経済社会の発展のために不可欠な重要課題である。

ここに、観光立国の実現に関する施策を総合的かつ計画的に推進するため、この法律を制定する。》

観光立国を実現するため、基本法につづいて2008（平成20）年5月、「観光圏の整備による観光旅客の来訪及び滞在の促進に関する法律」（観光圏整備法）が制定されました。観光客の行動は、一つの観光地という狭い地域だけではなく、いくつにもまたがるものが多く、また、行政単位に関係ないものであることから狭い地域だけの観光振興では不十分との考えに立ったものです。

観光地域を広く面として捉え、自然、歴史、文化などにおいて密接な関係にある観光地を一体とみなして、それを観光圏と呼ぶことにし、区域内にある、さまざまな観光資源を関係者の連携によって、より魅力的な観光地域づくりを目指すことにしたのです。

そして、ブランドの確立（地域ならではの魅力の創出）の実現に向けて以下の3点が重要と位置付けています。

①マネジメント体制の構築

◇観光地域づくりプラットフォームの設置

◇観光地域づくりマネージャーの確保・育成

②官民・産業間・地域間の連携

◇行政と民間事業者との連携、観光事業者だけではない交通事業者、商工関係者、農林漁業者等との連携、複数市町村間の連携

③地域住民の理解・関与

地域住民を巻き込んだ観光地域づくり

これは、本著で幾度となく記してきた、「観光地には、①観光資源、②観光施設、③人的サービス（人間力）の三要素がある」ことをよく理解することで法律の意図するところを読み取ることが

できます。

2015年に日本にも導入されたDMOという考え方は、この観光圏整備を具体化する方策の一つであったということができます（第3章【12】を参照）。

（5）外国人観光客が増える意義

日本では、2011（平成23）年3月に、東日本大震災、さらに東京電力福島第一原子力発電所の事故という大きなアクシデントがあり、多くの産業にダメージを与えました。観光業もまた大きなダメージを受けたひとつです。それでも2012年以降はインバウンドもアウトバウンドも増加の一途を辿りました。

2019年、日本人の出国者数は前年比5・9%アップし、2008万6000人と2000万人を初めて突破し、政府目標を1年前倒しで達成しました。その一方で、訪日外国人数も3188万2100人と過去最高値を記録したものの、伸び率は2・2%と低調でした。

本章【2】インバウンドについての経済的考察、（1）国内の観光政策で、日本の少子高齢化は産業構造にも影響を与えていることに触れました。これに景気の低迷も加わり、国内消費の拡大は難しくなっていくと予想されることから、観光産業が注目され、インバウンドの数を増やして消費を促そうとしたのです。**観光業が活発化すれば、多くの雇用が生まれ、そこでは女性の活躍も期待**

されることを忘れてはならないでしょう。

【3】インバウンド増加に向けた対策とヒント

（1）宿泊施設の不足への対応

インバウンドの増加に伴い、課題となったのが、移動手段、宿泊施設、言葉の壁などです。なかでも、宿泊施設はハイシーズンの需要を考えた場合には、全国的に足りない状況です。しかし、宿泊業は需給調整が難しい業種であり、ハイシーズンに合わせて、新たに旅館やホテルをオープンさせるとなると、オフシーズンの期間を考慮した場合、経営的に難しいものがあります。そこで既存のホテルや旅館以外の施設にも宿泊させることを考えることになったのです。その一つが、既に紹介した民泊だったのですが、その後も新たな宿泊の施設として、「農泊」「城泊」「寺泊」の推進が図られています。

①民泊

外国人旅行者に限定したものではありませんが、自宅やマンションの空いている部屋などを旅行者や出張者などに有料で貸し出す「民泊」は、多様化するニーズにあった宿泊サービスとして、年々外国人観光客の利用も増加しています。

当初、民泊をするには、旅館業法に基づき、簡易宿所営業の許可を取得する必要がありました。その手続き等が煩雑ということで、２０１３（平成25）年12月には「国家戦略特別区域 外国人滞在施設経営事業」、いわゆる「特区民泊」についての法律が制定されました。

「国家戦略特区」とは、〝世界で一番ビジネスをしやすい環境〟を作ることを目的に、地域や分野を限定することで、大胆な規制・制度の緩和や税制面の優遇を行なう規制改革制度です。

観光や都市再生、保育、教育、医療、農林水産業など11分野で、92の事業があり（２０１９年３月現在）、それぞれの事業ごとに活用している自治体が違います。

観光に関しては、訪日外国人が増加したことで魅力向上と利便性の高い環境を整備し、多くの外国人旅行者を呼び込み、国内の経済を発展させるための取り組みの一環として特区を設けており、具体的には、特区民泊以外にも、それまで「道の駅」を設置できるのは市町村あるいはそれに準ずる公的機関だったものを民間にも広げるなどの施策を行なっています。

特区民泊の最初の活用自治体は、羽田空港に近い大田区で、２０１６年のことでした。

このように好評のうちにスタートを切った民泊ですが、数が多くなればトラブルも多くなります。特にマンションでは、同じマンションの住民から、セキュリティへの不安や騒音、ゴミ出しなどの苦情が聞かれるようになりました。そもそも民泊サービスの運営者（貸主）の連絡先がわからない、苦情を言う先がわからないという問題があり、マンションによっては、民泊を禁止するところも増えていきました。

そこで、民泊の新しいルールを定めた**「住宅宿泊事業法（民泊新法）」**が２０１８（平成30）年６月15日からスタートしました。

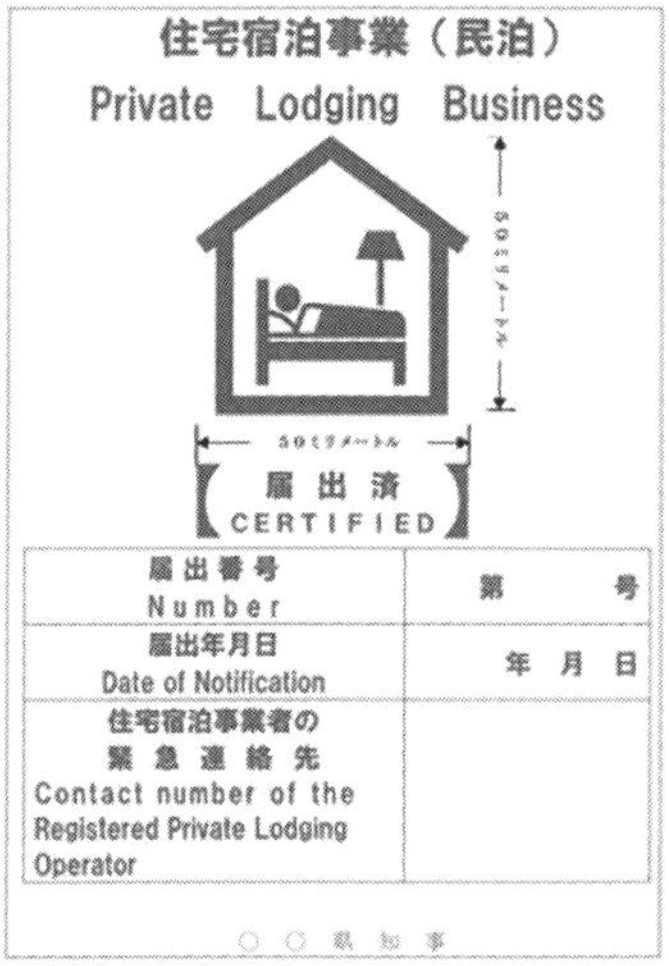

民泊のマーク

民泊新法の要点をまとめると次のようになります。この法律でいう「民泊」とは、「既存の住宅を１日単位で利用者に貸し出すもので、１年間で１８０日を超えない範囲で、有償かつ反復継続するもの」としていて、宿泊させる日数が１年間で１８０日を超える施設は、民泊新法の対象外となり、これまでの「旅行業法」に基づく営業許可が必要となります。

なお、ここでいう「住宅」とは、「現に人の生活の本拠として使用されている家屋」を指し、「宿泊」とは、「寝具を使用して施設を利用すること」をいいます。

このような事業行為を「**住宅宿泊事業**」と呼び、都道府県知事への届出をして住宅宿泊事業を営む者を「**住宅宿泊事業者**」といいます。人が泊まるわけですから衛生上の問題を確実にする必要がありますし、前述のように騒音、ごみなど近隣などからの苦情にもきちんと対処する必要があるので、このような住宅宿泊事業の適切な実施のために必要な、維持保全に関する業務（これを「住宅宿泊管理業務」といいます）を行なうものとして「住宅宿泊管理事業者」という制度を設け、国土交通大臣の登録が必要としました。

さらに、宿泊者そして、住宅宿泊事業者のために、届出住宅における宿泊サービスの提供を受けることについて、代理で契約を締結し、媒介をし、または報酬を得て取次ぎをする行為を行なうものを「**住宅宿泊仲介業**」として、観光庁長官の登録が必要であると規定しました（Ａｉｒｂｎｂはこれにあたります）。

つまり、空いた住宅を所有していれば、すぐに「民泊」ができるのではなく、衛生、維持管理は誰が行なうのかを明確にして、トラブルが発生した場合の責任を明らかにしたのです。このように適切に管理された民泊の施設だけを旅行者に提供するため、仲介業者も登録制として指導監督を行える体制を整え、モグリ業者の横行によるさまざまな問題の回避を予防しているのです。

令和３年１月12日時点での住宅宿泊事業の届出状況は２万８１０９件、住宅宿泊管理業者の登録状況は２２５５件、住宅宿泊仲介業者の登録状況は89件となっています。なお、特区法に基づく特区民泊の認定居室数は1万225居室（令和2年12月末時点）です。

民泊が多いのは東京特別区9561件で、続いて大阪市4046件、札幌市3029件、京都市863件となっています。

②農泊・寺泊

どちらかといえば都会での需要が多い民泊とは違い、地方の宿泊施設不足に一石を投じたのが「農泊」と「寺泊」です。実はこれも民泊のひとつのカテゴリーであり、一般的に民泊と認識されているのは「都市民泊」で、もう一方が「農村民泊」つまり「**農泊**」で、「Country Stay」ともいえるものです。農泊はさらに、農家や漁家、林家などと、それら以外の利用、廃校の校舎など公共施設に二分されます。

これまでも、こうした農山漁村地域では都会の子どもたちの体験などに対応してきました。しかし、期間が短く、専従の職員を雇うまでにはいかず、観光客までその体験を広げることもできず、高齢化により受け入れる場所も少なくなるばかりでした。

そこで、きちんと募集旅行などを企画し、インバウンドも含めた観光客を増やすことで、空き家の有効利用や農家等の収入の増加につなげ、専従の職員の増強につなげる。あわよくば若い移住者も巻き込み、プラスのサイクルを期待したものです。

羽黒山の宿坊　神林勝金の内部

「**寺泊**」は宿坊など社寺に宿泊するものですが、これについては古くから僧侶や参拝者が泊まるための施設とされていました。その後、一般の観光客の受け入れが増加し、外国人旅行者にも門戸を開き、数は少ないながら以前から活用されていました。

社寺の建築や庭園を楽しんだり、座禅や写経など貴重な修行体験ができることから、外国人旅行客、特に欧米からの旅行客の人気が高まったこともあり、さらに拡大しようというわけです。事前に特別な空間であることが認知されていることから、外国人にも独特の作法などを違和感なく受け入れやすいという利点があります。食事も、精進料理ならばベジタリアンも気兼ねなく食べることができます。古くから知られているところでは、高野山、信貴山、羽黒山などがあります。

高野山には、宿坊のオーナー夫人で英語を話す方がおり、外国人の僧侶で英仏語を話す方もおられますので、外国人とりわけフランス人には人気が高いようです。信貴山は、美術でも名高く、外国人にもよく知られています。羽黒山は、山伏などの修験道の習俗と宿坊で、古い歴史に間近に接することができることが外国人の関心を集めているようです。

農泊、寺泊などを行なう地域で重要なのは、繰り返しお伝えしてきた、観光業の三要素、観光資源、観光施設、人的サービス（人間力）です。

観光資源に加えて、その地域の「宝」の磨き上げが必要です。ある程度道を整備して、豊かな自然を身近で感じられてこそ、体験となるのです。

そのエリアに、まずはベンチだけでもいいので休憩できる施設を必ず作ってください。さらに観光客が増えてきたら、小さくていいので、地元の名産品を食べられる飲食店をつくる、そこにはお土産となる名産品コーナーがある。というように、徐々にレベルアップし、常に「宝」を磨き続けることも大事です。

宿泊する場所も含め、トイレは必ず洋式の水洗にしましょう。観光客、特に外国人に、畳やふとんは古き良き日本の文化と受け取ってもらえますが、しゃがむための筋肉が退化している外国人にとって和式トイレは苦痛でしかありません。

現在の「農泊推進対策」の実施状況は、全国５５４地域（令和２年12月までの累計）となっています。

③城泊

新たに登場したのが「城泊」です。前述の「寺泊」の社寺同様、日本各地に点在する城を宿泊施設として活用するものです。そこに宿泊しながら日本文化を体験できる施設として、訪日外国人旅行者の長期滞在などに向けてアピールしようというものです。

城泊に関して、日本100名城にも選ばれている長崎県の平戸城で、2017（平成29）年5月、民間事業者と連携し、1泊2日の宿泊イベント「**平戸城キャッスルステイ無料宿泊イベント**」が企画され、約7500組もの応募がありました。そのうち約4200組が海外からの応募であったことから、2019年秋から、1977年に復元された「懐柔櫓」を宿泊施設に改修し、城泊の第1号として2020年8月の開業を目指していましたが、新型コロナウイルス感染症の影響からオープンが延期となり、2021年4月1日から1日1組限定で宿泊が可能となりました。

このようにさまざまなところで観光資源と施設の整備が進んでいます。しかしながら、その地域が観光地として成功できるかどうかは、やはり最後には「人」にかかっています。特に地方では、人材不足ですから、**全住民が一丸となってあたるという気概**がなければ成功しません。

これは年齢に関係なく、新しいものを取り入れることができる人、新しいことにチャレンジできる人、新しく出会う人々の立場に立てる人、そんな人が多い地域が成功します。

最近ベストセラーとなったイギリス在住のライターであるブレイディみかこさんの著書『僕はイエローでホワイトで、ちょっとブルー』で注目されている言葉があります。他人とわかりあうには、シンパシー（sympathy／共感）ではなく、「自分がその人の立場だったらどうだろうと想像することによって誰かの感情や経験を分かち合う能力」つまりエンパシー（empathy）が必要だという一節です。

インバウンドに限ったことではありませんが、観光地をめざし行動する方々にはぜひこの「エンパシー」を持っていただきたいものです。

④京都の新しい試み

宿泊施設といえば、京都に本社を置く大手企業のひとつであるワコールが、2018年4月28日に左京区にある**京町屋をリノベーション**し、「京の温所（おんどころ）岡崎」として宿泊業（簡易宿所営業）を始めたことが話題となりました。その後も「京の温所 釜座二条」「京の温所 御幸町夷川」「京の温所 麩屋町二条」「京の温所 西陣別邸」「京の温所 御所西」「京の温所 丸太町」と次々に開業、2020年9月には8軒目となる「京の温所 竹屋町」を開業しました。

ある程度の経年後は、町屋の持ち主に返すということで、そうした意味でもこの新しい動きに注目が集まっています。

地方の古民家再生時にも、買い取るとしたらその財源をどうするか、あるいは借りる場合でも、持ち主やその家族との交渉がなかなかうまくいかないとの声を聞きます。このワコールの例にそのヒントとなる一助があるかもしれません。

ワコール同様、本社が京都にある任天堂は、下京区の創業の地に残る旧本社ビル（1930年建築）を、外観を残したまま約20室のホテルへと改修、2021年開業を目指しています。設計は、安藤忠雄建築事務所が担当し、宿泊客用のレストランやジム、温浴施設も併設の予定です。

古都京都が、良い意味で、観光に対していつまでも新しいことに意欲的に挑んでいる一例です。

（2）本当の「おもてなし」→人間力

オリンピック招致の際に、海外でも一躍有名となった「お・も・て・な・し」という日本語。では、何を持って、本当の「おもてなし」と言うのでしょうか。

端的に言えば、「おもてなし」とは、人間力です。旅行者を受け入れる地域の関係者の、一人一人の対応、草の根の交流が大切だということです。おもてなしに満塁ホームランはありません。

第3章の「【2】オリジナリティを出すには、（1）個性化、オンリーワンの存在はあるか」に登場した黒川温泉の「山の宿　神明館」の後藤哲也氏と、旅行作家の松田忠徳氏との対談をまとめた『黒川温泉　観光経営講座』（光文社新書、2005年）の中で、おもてなしについて後藤氏が語っている部分があるので引用させてもらいましょう。

「もてなしの心」と言いますが、旅館はお客さんが来てからもてなすんじゃないんですよ。その前に、全体がもてなしの風景になっとらんといかんわけです。そこにお客さんがやってきて、感動するんですよ。口先ばっかり「もてなしの心」で対応しようとしても、お客さんは喜んでくれません。

口ばっかり、小手先のおもてなしではすぐにお客に見破られてしまう。長い時をかけて黒川温泉を発展させた人物の言葉だけに重みがあります。

昨今、「爆買い」など中国人観光客のマナー違反を揶揄する言葉がマスコミでも多く取り上げられました。これに関して筆者は、日本人は、2、30年前の自分たちの姿を忘れたのだろうかと感じています。

1970年代、海外パッケージツアーが登場すると、日本人の海外団体旅行が一気に増えました。当然、慣れない海外旅行、それもホテルに泊まるのさえも初めてという人も多く、部屋着のままで廊下をうろうろしたり、スリッパでロビーに現れたり、温泉宿のように部屋で宴会を始めたりと、失敗談が数々ありました。パリに行って、腹巻からフランの札束を出し、買い物をするなど日常茶飯事。その後も、バブル期には、若い女性客が有名ブランド店で札束をこれ見よがしに見せてバッグを爆買いして顰蹙をかっていました。

翻って、今、中国人観光客の日本での行動を見て、現象論的に非難しているのは、そうした時代を知らない若い世代か、あるいはそれより上の世代だとしたなら忘れたふりをしているのでしょう。

いずれにしても、中国人観光客が増えたことで潤ったところは多々あったはずです。昔の日本人と同じと思えば、「中国人はマナーが悪い」と批判して終わるのではなく、どうやって接したらいいのか、どうすればマナーを守ってもらえるのかなどを一緒に考えましょうという方向にできるはずです。

韓国には「観光警察」があり、観光地での犯罪予防だけでなく、観光客の不法な行動にも注意を与えるなどしています。これもヒントになるのではないでしょうか。

そうしたポジティブな考え方に変えていかないと、いつまでたっても本当のおもてなしができるはずはありません。**まずは、相手を理解する、そのうえでうまく対応する**ことが必要です。

日本でも、中国人に限らず、さまざまな国の人々を受け入れ、おもてなしで「日本のイメージアップ」をはかれば、知日派を増やすことができます。それによって、国際社会における日本の存在感が増大することにもつながります。

日本を一度訪れた中国人の多くが、「今まで中国にいて持っていた日本のイメージとは大きく異なり、日本は豊かで素晴らしい国だ」と考え直すようになったと聞きます。そうしてリピーターとして再度訪れることで、２００４年の約61万６千人から、２０１５年には約５００万人で第１位となり、その後も訪日外国人客数の第１位の座にあるのです。知日派になった彼らは、母国に戻り、反日運動が起きたときでも、日本の正しい姿を多くの人たちに伝え、日本に理解を示してくれるのではないでしょうか。

こうしたことは国と国の間での良好な関係を維持し、戦争や紛争を回避するのに極めて重要なことだと考えています。

日本人は、一般的に、外国の地理や歴史などをかなり知っているほうだと思います。しかし**外国人の多くは、日本人が思うほど日本のことを知らない**のです。ですから、日本の旅で出会った人々の印象が、そのまま日本人の、そして日本という国の印象となりかねません。**これだけインバウンドが増えているのは、好印象を持つ外国人旅行者が多い、おもてなしをじかに感じている人が多いのだと思います。それをもっと磨けば、さらに大きなおもてなしをすることができるのではないでしょうか。**

また、第２章でも少し触れた食習慣への理解も、おもてなしという観点からすれば重要な課題です。

ベジタリアンやヴィーガンは、日本人でもそれを取り入れている人がいることから、言葉として把握している人は増えてきたと思いますが、十分に理解しているとは言い難いと思います。食事は観光の大きな要素ですから、今一度見直しが必要です。

また、アンケート調査によって、ベジタリアン、ヴィーガン対応の飲食店はまだまだ少ない、ネットでの情報発信や店内外での表示も少ない、興味のある日本食のベジタリアンオプションがないなどの意見があることがわかりました。こうした知識は、地方ではなお不足していると思われます。

観光庁によりますと、2018年における訪日ベジタリアン等旅行者総数は推計約145万人~190万人167万人で　構成比率は2018年の全訪日旅行者（約3119万人）の約4・6~6・1%を占め、年間飲食費は約450~600億円程度と推計しています（訪日旅行者の飲食費、約9783億円の 4・6~6・1%を占めると仮定した場合の試算）。

また、海外旅行で飲食店等を選定する際、「ベジタリアン等の専門店でなければ入店しない」と回答したのは約2割に留まりますが、「対応店でなければ入店しない」と回答したのは約5割にも上り、ヴィーガンではさらに傾向が強まるということです。マーケットの規模が思ったより小さくないこともあり、事前の情報発信の重要性が浮き彫りになっていると言えましょう。具体的には、自社HPで、ベジタリアン等対応であることを明記したり、店頭に看板を設置するなどし、「対応店」あることをアピールすることが必要だとしています。

「観光」は、人間の持つ欲求の原点です。それを受け入れるためには人間力の大切さを理解する必

要があります。「地域を誇りに思い、来訪者には敬意を払う」ことで、相互理解が生まれます。そして受入環境の向上を図ることで、より広範囲のインバウンドの獲得が期待されます。

（3）人材教育の重要性

観光業は、総合産業です。いろいろな分野の知識が必要ですし、一般の人たちが想像するような「軽い」感じの産業でもありません。ですから、観光業がこれから発展していくためには、いろいろな知識と経験を持つ人材が必要なのです。

第3章【13】でも人材教育について取り上げていますが、ここでは身近な例を挙げてみましょう。観光業に限ったことではなく、現在、さまざまな業界のトップが「人材育成」を最重要課題にしています。日本の出生数は、2019年に、推計よりも2年早く90万人割れとなり、少子化はさらに加速しています。当然、今後人手不足も進むわけです。

いっぽうで、今後の日本では、どのような職業についても、何らかの形で、観光業に係ることになります。繰り返しになりますが、昔のように観光業で潤うのは一部の人のみという時代ではありませんし、もしそうした観光地があったとしたら、今後その地域の発展は望めません。

ですから、**地域住民のすべてが観光に関する正確な知識を持って、重要な地域産業としての観光業に積極的に参加することが地域振興のためには必須になります。**

こうした現実を、地域住民、特に若い世代によく知ってもらうことです。たとえば、外国語で意思疎通を図るとしたら、高齢者よりもやはり若者のほうが覚えが良いですから、中学校や高校のサークル活動などに取り込み、日常の中に外国語を入り込ませるのです。英語だとすでに差がついているでしょうが、韓国語や中国語、フランス語なら、スタート地点は同じだと思いますから、逆に興味を持ってくれて意外な人材発掘ができるかもしれません。若い世代にはK－POPが人気のようですので、韓国語の場合はそれをきっかけにしてもよいでしょう。以前だと、語学教師という問題があって、なかなか始められないという声もよく聞かれましたが、現在はユーチューブにアップされているもの、あるいはZOOMなどを使った遠隔講義など、方法はいろいろあります。

もちろん、簡単な受け答え程度なら、お年寄り向けの講座を開くなどして、ちょっとしたカルチャーセンター気分で、覚えてもらうのもいいでしょう。

コトバは上手さではなく、まず声を発して相手にわかってもらおうとする熱意が重要です。語学以外でも、**観光地としての基本的な知識をみんなで共有することも大事**です。たとえば、外国人に神社の由来を聞かれた時、自分で説明できなくても、観光協会に電話して説明してもらったり、あそこに行けば英語のパンフレットがあると教えたり、それだけでも、「この町の住民は親切だ」と思ってくれるはずです。身振り手振りでも構わないので、まずは気後れせずに積極的に接してみることです。

最近は、来日前から日本通で日本語を話せる外国人も多くなっています。あまり気負わず、好奇心旺盛になって、こちらも外国の文化を少し学んでみようという姿勢でいるのも悪くないと思います。

【4】サスティナブルツーリズム
――観光産業の継続的な発展のために何が必要か

最近よく「サスティナブル（sustainable）」あるいは「サスティナビリティ（sustainability）」という言葉を耳にするようになりました。前者は「持続可能な」、後者は「持続可能性」と訳されます。元々はビジネス界で多く使われていた語句でした。

１９８７（昭和62）年に開催された「環境と開発に関する世界委員会」から各分野からも注目が集まり、観光関連でもその重要性が認識され、平成29年度「観光白書」では、第Ⅱ部で「持続可能な賑わいを有する観光地づくりに向けて」という項目を設け、多くのページを割いて取り上げています。

今後も少子化・高齢化が進む日本では、将来にわたって成長を遂げるサスティナブル産業の育成が絶対に必要となります。そのひとつが観光産業なのです。

(1) 安売り競争はサスティナブルツーリズムに逆行

1980年代半ば、海外旅行の運賃体系の矛盾をついた「輸入航空券」を端緒とし、バブル以降の「価格破壊」の流れに乗って、旅行業界でも低価格、激安商品が出現するようになりました。しかし、こうした本来の旅の目的である「ときめき」や「感動」のない「コモディティ化(日用品化)」された旅行商品、安売り競争は、一時的に旅行者の数を増やせるかもしれませんが、サスティナブルツーリズムには逆行するものです。

旅行会社でそうした商品を販売するとしたら、その陰で多くの犠牲を払う人が出てきます。利益が少なくなるわけですから、旅行会社の社員や旅館やホテルで働く人々の待遇はよくなりません。現地手配にかかる費用を値切らざるを得なくなってしまいますから、現地のガイドや、バスの運転手などの人件費も切り詰めなくてはならなくなります。その補填をするため、無理やり、貴重な時間を費やして、お土産屋さんに長い時間滞留し、欲しくもないものを買わされることになれば、旅行者にも不快な思いをさせることになってしまいます。一時、大きく騒がれた香港でのショッピング問題もここに原因があったのです。同じことが、日本国内でも問題になっているわけなのです。

第3章(178頁)で述べた関越道バス事故や、軽井沢スキーバス事故でも、バス会社が手配業者から大きく値切られ、それが運転手にしわ寄せされて過重労働となり、これが大きな原因となって事故につながったことが指摘されていることを考えればよく理解できましょう。つまりは、観光業自らの体力を消耗させているのと同じことになります。それではサスティナブル産業にはなり得ませんので考え方を転換しなければなりません。

観光庁も、こういった状況を重く見て、特にモグリ業者による旅行業界の悪弊を除くべく、旅行業法を改正して、「旅行サービス手配業」を法的に認知するとともに、登録制度を実施して手配業者の権利を守るとともに、指導体制を作って、旅行者の安全、安心を確保するようにしたことは特筆されましょう。

(2)「新しい旅」の提案

京都に「**まいまい京都**」という京都の住民がガイドするユニークな街歩きのミニツアーがあります。「着地型ツアー」の一種ですが、ガイドは、いわゆる職業ガイドではなく、京都の特定な分野のことに詳しい人ばかりで、中には研究者だけでなく料亭の女将や、お店の若旦那、庭師、花街の芸妓、お寺の住職などありとあらゆる方面の人が顔を揃えています。

京都に詳しいと思っている自称「京都通」にとっても、まだ、自分の知らない京都があるのではないか、と思わせる企画が多いのです。例えば夏に向けて「祇園祭と京料理、有名料亭の三代目主人が贈る美食の新世界~山鉾町のしつらえ、調度品を拝見、珠玉の鱧料理をいただく」や、「祇園祭・宵山、山鉾を受け継ぐ祇園祭の舞台、京都のド真ん中・山鉾町めぐり～『祇園祭オタク』と行く、いつもとは違う前祭の宵山期間」など、タイトルを見るだけでも、いかにも深掘感のある内容で、うわべだけの形式的な説明ではなく、筆者がたびたび述べてきたように、観光にはさまざまな知識が必要なのだということを実践していることが窺えます。

長崎には、これより早く2007年から「**長崎さるく**」があります。町を歩いてより深く知ろうとする傾向は、NHKの「ブラタモリ」の影響を指摘する人もいるようですが、これからも続いていくものと思われます。

旅行業者が企画するだけでなく、**女子大生が内容を作るもの**もあらわれました。「女子大生が考案！　大相撲と江戸文化を感じる旅2日間」（ジャルパック）や、「現役女子大生が企画した台北ツアー」（HIS）などですが、これらは、旅行者の視点で内容を作っていることに魅力が感じられ、共感を呼んでいます。

さらに、広く社会問題をとらえて、修学旅行の内容にとりこむ学習ツアーを運営するリディラバの動きも新しい旅のテーマとして注目されましょう。

サスティナブルツーリズムを実現するためには、このような、従来の固定観念にとらわれない時代にあった旅の提案がこれからもさらに必要になっています。

後述する「ツーリズムEXPO」でも、新しい旅行の企画を募集して優秀なものを表彰しています。

（3）ツーリズムEXPOジャパンでのアワード

世界にはさまざまな「旅の見本市」があり、最も著名なものは、毎年、アメリカで開催される「POW WOW」（アメリカ原住民の言葉で「集会」を意味する）で、一週間にわたって数十万人の人が参加します。観光関係の業者、すなわち航空会社、ホテル、クルーズ会社、観光局だけでなく一般の人達も見学に訪れます。そこに行けば、最新の旅行事情を知ることができます。

形のない「旅行」という商品に関わる仕事では、人と人とのつながりが大きな財産になりますので、お互いに顔つなぎをする場でもあるのです。その日本版ともいえるものが２０１４年に始まった「ツーリズムＥＸＰＯ　ＪＡＰＡＮ」で、回を重ねるごとに注目度が高くなり、初回15万人であった来場者は２０１８年には20万７０００人となり、出店企業・団体も１１２９から１４４１と伸びています。２０１９年は会場が大阪であったため、来場者数は15万人と減りましたが、テナントは１４７５と微増となっています。

自分の地域の振興を考えるとき、他の地域と比べて、今、どのような位置づけにあるかを知るためにも、これからの情報発信をどのようにしていくかを考えるうえでも、自ら会場に足を運んで、他地域の同業者と意見を交わし、来場者の多くがどのようなことに興味を持っているかを知ることはぜひとも必要なことだと思われます。「プロモーション活動は、広告代理店任せ」と言っている地域は、いつまでたっても地域振興を図ることはできないでしょう。

なお、この催しでは、毎回「ＪＡＰＡＮ・ツーリズムアワード」の表彰があり、ツーリズムの発展、拡大に貢献し、持続可能で優れた取り組みを行なった国内海外の団体・組織・企業を表彰していることも注目されます。

持続性はもちろんですが、創造性、発展性、社会性などを審査のポイントしていることも、観光業が必要としているものをいかに体現しているかが基準となっているのです。これは、まさに筆者が提案してきたことで、日本の良さが眠る「地域」を核に活性化を図ること、海外各国との双方向交流の拡大が日本の観光振興を促進させ、今後のツーリズムの発展に必要であることが共通認識となっているのです。

２０１９年のアワードには、地域の遊休資産を活用した「民泊」関連サービスの提供を通じて地域振興事業を展開する「株式会社百戦錬磨」が選ばれています。

（４）「コト消費」の拡大

今まで述べてきたことを観光産業のビジネス面でとらえると「コト消費」という言葉に行き着きます。これには耳慣れない方もいらっしゃるかもしれませんが、既に他の章でも触れた通り、爆買い現象に象徴される「モノ消費」に対し、自然景観鑑賞、歴史建造物への訪問、アクティビティ体験等を「コト消費」と言い、体験型消費という言い方もされています。

ＪＮＴＯが２０１６年に、国内・海外で行なった調査・アンケートによれば、コト消費は、今や訪日外国人に定着しており、とりわけ、フランス人、アメリカ人はこれを重要な要素として考えています。

モノ消費を重要視していると思われる中国人、あるいはタイ人、インドネシア人も、国によってその割合は違うものの、自国にはない雪景色などの自然景観の鑑賞、旅館での宿泊体験、温泉入浴体験など、コト消費を重要視している人は少なからずあり、コト消費による旅行消費額にはまだまだ拡大余地が見込まれます。

地方においては、大都市圏にはない地方ならではの魅力である「コト消費」を求められていることから、それを商機と捉えていることが明らかです。たとえば、富士山に近い富士河口湖町や富士吉田市では、実際に富士山に関連したコト消費を増やしていると回答しています。富士登山、絶景ポイントを選定して富士山を背景にした花見、散策、サイクリングなどのスポーツアクティヴィティ、地元にある織物業（ハタオリマチ）の見学体験、地元食材を用いたグルメの開発がその実例です。コト消費に伴ってその地域でのモノ消費が誘発されるという相乗効果が地域の振興にとって重要であることも忘れてはならないでしょう。

筆者自身も、**信州高山村のブランディング**をするうえで、観光庁の「地方誘客・消費拡大に向けた取組」の「観光ビジョンの目標達成に向けた取組の方向性」を参照し、海外に比べて遅れているこの「コト消費」の拡大に向けて、重点的に取り組むことを推進しました。

ただし、観光庁の「観光ビジョンの目標達成に向けた取組の方向性」ではコト消費の拡大の3点を、①ナイトタイム活性化、②ビーチの活用、③自然体験の充実に絞っています。②は、海外では人気コンテンツに、サンセットクルーズやシュノーケリング、セーリングなど海に関係するコンテンツが入っていることから選ばれたのでしょう。しかし、長野県にある高山村には、もちろん海はありませんので、①と③への企画を提案しました。

①地域伝統芸能の夜間開催、具体的には高山村の伝統神楽、美しい星空を見上げながら足湯に浸かりつつ、高山ワインを楽しむ至福の時間。

③有償ガイドによる「稼ぐ」コンテンツの充実と、森林資源の有効活用として、森林のオゾンと雷滝のマイナスイオンと八つの温泉を組み合わせた美容エステ。

このように、観光庁の情報を取捨選択して、自分たちの地域ではどのような「コト消費」ができるか、地域住民が集まって知恵を出し合い、オリジナルな企画を立ててみることが地域振興の第一歩になると言えるのです。

【5】ポストコロナ、観光業は、やはり「21世紀のリーディング産業である」

――まとめに代えて

（1）観光立国を進める日本の政府は、ポストコロナをどのようにとらえているか―最近の動向

コロナ禍は、日本の観光業に大きな被害を与えましたが、これによって観光業が終焉を迎えるのではなく、むしろ、これを大事な教訓として終息後にさらなる発展を求めたいとしているのが、国の政策です。

なぜなら、**観光業は日本全国で約９００万人が従事しており**（観光庁が２０１２年に実施した観光地域経済調査に基づく数字）、**雇用の維持と事業の継続が極めて重要**だからです。以前から、GDPの10％の経済規模を目指すことが言われてきており、２０１９年の55兆円に対し、実際の観光消費額は、まだ、27兆円も足らないことになります。

観光庁では、このため、今後の政策プランとして、感染防止策の徹底を大前提として、当面の観光需要の回復を担う、日本人の国内旅行需要を強力に喚起しながら、インバウンドの本格的な回復に取り込むことに注力するとしています。

そのために、
（ⅰ）国の支援によって、観光施設を再生し、地域全体の魅力と収益力を高めるため、新たな補助制度を創設し、融資制度も拡充する
（ⅱ）地域の魅力を高めるために、観光資源の高付加価値化をさまざまなやり方で図っていく
（ⅲ）観光客の求める上質なサービスに対応できるような環境整備を図る
こととし、内外の感染状況を見極めながら、防疫措置を徹底したうえで段階的に小規模分散型のパッケージツアーを試行的に実施したいとしています。たとえば、感染が落ち着いた国からの受け入れに限定し、少人数で、専用車による移動、施設の貸し切り、一般客との動線の分離を図ってツアーを実施するということなどです。

インバウンドの回復に向け、日本の安全安心への取り組みに関する情報や、日本の観光資源の持つ魅力についての情報を発信することで訪日のためのプロモーションも行ないたいとしています。

前記（ⅱ）については、既に、本書でもいろいろな場面で触れていますので、国の施策がどのようなものであるか、おおよその見当はつくものと思います。

既にある観光資源を高付加価値化するだけでなく、まだ眠っているさまざまな観光資源、たとえば、食、自然、文化といったものをさらに発掘して、あらたな地域の魅力にしていく。これらには、必ずと言ってよいほど「体験」が伴います。

そのための時間消費、コト消費が、地域への滞在時間を増やし、結果的に地域振興に結び付くも

のであることは、今までにお話しした通りです。

国内旅行を回復させるために、**さまざまな魅力の再発見が必要であることは**、何度も申し上げた通りですが、**これが結局、インバウンドが回復した時にも、大きな力になる**のだということを、よく理解しておく必要があります。

(ⅲ)については、観光産業自体の発想の転換も必要になります。

ＩＴ化が遅れている分野、地域での導入を進めて、業務の効率化を図り、旅行者への利便性の向上を図ることが求められています。ＩＴ化の進んだ国からの旅行者を迎えるためには、受け入れる側もそれに近いレベルに引き上げていかなければなりません。いつまでも「ＩＴの食わず嫌い」でいることはそれだけ「置いてきぼり」を食うということです。少しずつでも、できるところから、旅行者の立場に立って、旅行者のニーズに沿うものを導入していく必要があります。

ＩＴ・ＩＣＴへの対応についての課題

ＩＴ・ＩＣＴへの対応についての課題を、今少し掘り下げてみましょう。

観光業に限らず、日本で遅れているＩＴへの対応は今後の大きな課題です。

例えば、無料ＷｉＦｉやキャッシュレス決済の実施は以前からその実施の重要性が言われており、政府も折に触れ施策を行なっていますが、なかなか地方では進んでいないのが実情です。

最近ではＳＮＳへの投稿が大きなニュースソースになっています。旅行情報としてスマートフォンを利用した割合は、2010年は6・4％だったものが、2017年には69・9％と10倍以上になっています。これを最大限に活用することです。

まずは発信してもらうために、「映える」演出が欠かせません。こうした分野は地域の若手に考えてもらうと、別の分野でも巻き込んで、一緒に地域発展の全体について考えるきっかけとなるでしょう。

総務省によれば、日本国内のスマートフォンの保有率は64・7％で、携帯電話なども含めるとモバイル端末全体の普及率は84・0％という数字になります。これは筆者の個人的見解になりますが、外国人旅行者の普及率はそれより高いと思います。

ですから、まずは環境を整えて、プロモーションも紙媒体からデジタルへと移行し、ジャンルごとに、できうる限り最新の情報を発信するのが望まれます。

もちろん、観光資源をコンテンツとして磨き続けることを忘れてはいけません。ＩＣＴを活用した言語対応は、通常時だけではなく、近年続いている災害時の外国人向けの情報提供にも活用できますから、担当者はぜひスマートフォンを使いこなせるようにしましょう。

キャッシュレス決済に関しては、地方でも、コンビニエンスストアのように全国展開している店舗では交通系も含め電子カードなどが使えるようです。しかし、コンビニでは交通系カードが使えても、肝心のＪＲの駅では対応していないところも多く使えないというケースがまだまだ見られます。

それでも、各種の電子マネーが導入されたことで、地方の個人商店でも比較的若い世代が経営するところでは使えるようですが、このキャッシュレス化も早急に解決しなければならない問題です。こちらもスマートフォンでの決済への対応を考えれば、まずはスマートフォンを使っている人を担当者にするのが、問題解決への第一歩になるのではないでしょうか。

ただし、これは日本人観光客相手の場合で、インバウンドで迎える外国人観光客は、たとえ数十円でもクレジットカードで買い物をするという習慣が身についています。先にお金をチャージすることに関しては、「先払い」という概念で捉えられ、好まれません。対応できるところは、クレジットカードでの支払いができるよう体制をまず整えるのが望ましいと思われます。

さて、政府がこれからの観光関連の目標数字としてきたのは次のとおりです。

（項　目）	２０２０年	２０３０年
訪日外国人旅行者数	４０００万人	６０００万人
訪日外国人旅行者消費額	８兆円	15兆円
地方部（三大都市圏以外）での外国人のべ宿泊者数	７０００万人泊	１億３０００万人泊
外国人リピーター数	２４００万人	３６００万人
日本人国内旅行消費額	21兆円	22兆円

コロナ禍の影響で2020年は頓挫してしまいましたが、収束した後の回復を考えたとき、2030年の数値を一概に「絵にかいた餅」ということはできないのかもしれません。予断は許しませんが、国がこのような目標をもって政策を進めているということだけは、常に頭に入れておく必要があります。

コロナ禍においても新しく「文化観光推進法」が施行されましたし（2020年5月）インバウンド関連の支援事業である「観光地のまちあるき満足度向上整備支援事業もスタート（2020年8月）しているのを見ても、それは理解できます。

今後も政府レベルでの、さまざまな新しい支援も期待できると思われますので、情報アンテナの感度を良くして、自分たちの地域に活用できないか、検討してみるクセをつけておくことも必要です。

コロナ禍が収束してインバウンドがいつ頃回復するか、予断を許しません。ワクチン接種が進み、免疫を持つ人が増えるにしたがって**2021年秋ごろからの国内旅行回復、2022年春ぐらいから徐々にインバウンドが回復に向かうのではないか**と筆者は予想しています。

(2) これからの観光に求められるもの

以上、さまざまな側面から「観光」について考察してきましたが、これまで述べたことを含め、ここでもう一度、今後、観光に求められるものは何なのかをまとめてみましょう。

①今ある地域のものを、魅力あるものとして捉え直す、魅力の再発見力
②他にはないもの、オリジナリティを生み出す力
③①、②の魅力あるもの（ときめき）を商品化し、情報を発信する力
④観光資源の運営力、マネージメント力、マーケティング力
⑤行政だけではなく、地域住民全体の共感と協力
⑥サスティナビリティを実現するために必要な継続する力
⑦以上のすべてを傾けてリピーター化につなげる努力
⑧観光と地域の事情に精通し、強力なリーダーシップを発揮できる人材力

「観光地」に人々がさまざまな「ときめき」を求めて移動することを「観光」と定義するならば、ここに挙げた8つのことがらは、受け入れる側から見てもよく理解することができましょう。

ちなみに事業者向けの指標ではありますが、「世界経済フォーラム（The World Economic Forum）」による観光産業の事業環境評価「旅行・観光競争力レポート（Travel and Tourism Competitiveness Report）」によれば、日本の総合評価は2007（平成19）年には25位（124カ国中）でしたが、2017（平成29）年には4位（136カ国中）とランクアップしています。世

界の観光事業者にとって、「JAPAN」は魅力的な国になってきたということです。外資系ホテルが競って進出してきているのも、そのあらわれではないでしょうか。事業者にとって魅力が高いということは言うまでもなく、世界中の旅行者にとっても魅力に富んでいるということを意味します。

そのような潜在力を引き出し、チャンスをどう活かすかが、今後、自分の住んでいる地域が観光地として成功できるかどうかの分岐点となるのではないでしょうか。

繰り返しになりますが、観光振興は、思ったほど簡単ではないのです。本書に述べたような広い知識をフルに活用してその地域にあった振興のやり方をカスタムメイドで実施する必要があります。**そのためにも観光学の体系的な知識を持った人とよく相談して自分の地域にあったやり方を一緒に考えていくのが賢明でしょう。**単なるパンフレットづくり、イベントの企画だけでは一見華やかに見えても、長い目で見れば投じた費用がかならずしも有効でなかったことがわかるはずです。

今、この時期こそ、地域振興を、本腰を入れて考え直す絶好のチャンスなのです。面倒だと言わずに、本書で述べたことを地道に一つずつやっていけば、やがて来る、コロナ禍の収束とともに、以前にもまして、回復できることは間違いないと思います。関係の皆様の奮起とご健闘をお祈りして筆を措きたいと思います。

あとがき

一般の読者に向けて、観光に関するさまざまなことがらを地域の振興と結びつけながら書いてほしいと執筆を依頼されたのは、2年以上も前のことであった。

観光という広く知られてはいるものの、実は、よくわかっていないことを予備知識のない人に説明するのは容易なことではない。何とか新しい視点で書くことはできないか、と模索しているうちにコロナウイルスが広まりはじめて、観光どころではないという気運になり、企画は、様子見ということになった。

ところが、コロナ禍による影響が大きくなり、観光関連の業種の苦境が伝えられるようになると、かえって一般の人々にも、観光業の重要さが認識されるようになっていった。そして、被害を克服し、観光を再生するにはどうしたらいいのか、ということが大きなテーマとしてクローズアップされるようになったのである。

いろいろと議論をするうちに、そのためには対症療法だけでは不十分で、そもそも観光とは何なのかということを確認しておくことが必要であろうとの結論に至った。

そこで、企画内容を構成し直し、現在の状況から出発して筆者の仮説や、従来から言われてきたことに照らしあわせて分析してみれば、問題点が浮き彫りにされるのではないか、という視点に立って説明を試みることにした。

観光や地域振興の話は、一般化された概念の操作だけでは不十分だということは機会あるごとに、何度も指摘してきた。できるだけ多く現地に足を運び、地域の人々と一緒に考えることが必要になる。その際に必須となる基本的な事項をまとめたものが本書である。それらは、コロナ禍が終息したのちも、変わらない。なぜならば、観光は人間の本性に根ざした欲求であり、行動であるからである。

一例をあげれば、コロナ禍のはるか前から、筆者が提唱してきた、旅行の高付加価値化が改めて課題として認識されるようになり、その端緒が各地で見られるようになったのは、当然の帰結ではあったが喜ばしいことであった。


地域の振興は、そこの住民が、自らの問題として捉え、考え、行動することが絶対に必要である。お仕着せの、他人任せのプロモーションは、振興を唱える人たちの自己満足に過ぎない。心から地域の振興を願う人たちにとって、本書が指針となることを願ってやまない。

最後に、この企画を提案してくれた言視舎の杉山尚次社長、コロナ禍にもかかわらず快く取材に応じてくださった各地の関係者の方々、編集に協力いただいたスタッフの皆様にお礼を申し述べ、ともに完成を祝いたい。

令和3年　中秋

澤渡　貞男

著者……澤渡貞男（さわど・さだお）
前駒澤大学文学部、関西大学政策創造学部、立正大学社会福祉学部講師。
昭和21年東京生まれ。昭和45年旅行開発株式会社（現在のジャルパック）入社。マーケティング、商品企画、営業開発、計数管理、広報などを担当。大阪支店、大阪空港所、サンフランシスコ支店次長、お客様相談室長を歴任。業務で海外各地を旅行する一方、日本各地も、北は北海道礼文島から南は、対馬、五島列島、沖縄までを観光研究のためにめぐり歩く。京都・奈良の歴史にも詳しく、訪れた社寺は数知れない。後年は、日本旅行業協会法務・弁済部副部長、旅行業公正取引協議会専門委員を兼務。2005年の旅行業法、標準旅行業約款の改正には業界側委員として携わり、旅行広告の規範となる『旅行広告・取引条件説明書面』を同協会広告部会長として編集した。大学では、「難しいことをやさしく話す」と評判で、実体験に基づいた、映像を駆使した講義に人気がある。学生の面倒見がよく、卒業した学生もしばしば相談に訪れる。2015年から『観光を軸に地域振興を考える研究会』を主宰し、都道府県会館、国際文化会館、日仏会館などで20回以上セミナーを開催している。２０１８年に『澤渡 観光・地域振興研究所』を立ち上げ、所長に就任した。調査提言に「信州高山村地域活性化プロジェクト」、著書に『ときめきの観光学』『増補改訂版海外パッケージ旅行発展史』（言視舎）などがある。現在、全国旅行業協会の委員、日本海外ツアーオペレーター協会の指定講師を務めている。日本国際観光学会会員。

DTP組版…………勝澤節子　　編集協力…………田中はるか
装丁…………長久雅行

観光を再生する
【実践講座】課題と解決の手引き

発行日❖2021年11月30日　初版第1刷

著者
澤渡貞男
発行者
杉山尚次
発行所
株式会社言視舎
東京都千代田区富士見2-2-2 〒102-0071
電話03-3234-5997　FAX 03-3234-5957
https://www.s-pn.jp/
印刷・製本
中央精版印刷㈱

ISBN978-4-86565-209-3 C0036

言視舎刊行の関連書

978-4-905369-56-1

ときめきの観光学
観光地の復権と地域活性化のために

付加価値ある旅行とは？　どうすれば「観光」と「観光地」は再生できるのか？　著者が実際に日本各地を旅行し、歩き、感じた体験の積み重ねを整理、分析。豊富な資料と統計を加え、「観光」の本質にさまざまな角度から迫る。

澤渡貞男著　　A５判上製　定価2300円＋税

978-4-905369-82-0

【増補改訂版】
海外パッケージ旅行発展史
ときめきの観光学海外編

付加価値ある旅行とは何か？　長く国内外の旅行に携わりながら、「観光学」を追究してきた著者が、現場の目に加え法律的・数学的な分析によって見つめなおす、海外旅行自由化時代から今日の激安ツアーにいたるまでの歴史。

澤渡貞男著　　A５判上製　定価2400円＋税

978-4-86565-177-5

輝く人・輝く宿が日本を元気にする
磨き合う旅館甲子園

旅館の使命、存在意味を明らかにする競い合い「旅館甲子園」。コロナに負けない「宿＝人」の力を証明！２年に１回すでに４回開催されている大会のファイナリストを徹底取材、志、人材育成など宿の魅力を明らかにする。

桑原才介著　　四六判並製　定価1500円＋税